大展好書 好書大展

名師出高徒⑥

# 散手入門與精進

張山　朱瑞琪　王玉龍　李士英　編著

大展出版社有限公司

# 出版說明

誰都願意將自己的孩子送進好的學校，爲什麼？因爲好學校教學水平高。教學水平高主要依賴於有一流的高水平的教師。教師水平高就能教出出類拔萃的學生，這正是「名師出高徒」。

學武術也如此，富有經驗的名師教學，會使初學者少走彎路，入門迅速，一入門即可爲提升打下紮實的基礎。

爲滿足初學武術的廣大青少年和武術愛好者的要求，我社特約我國武術名家編寫了這套叢書。本套叢書作者均是長期從事武術教學，在國內外享有盛名的專家，他們有著極豐富的教學經驗，既能把那些對武術一竅不通的「老外」教得像模像樣，也能指導武術高手再精進。

本套叢書屬於普及性讀物，重點介紹了武術基本技術要領、動作要求、練習方法、易犯錯誤及其糾正方法，而且簡明扼要地說明了動作的技擊含義，易學、易懂、易練、易用。

近年來中國武術協會爲更廣泛開展武術運動，在國內推行了武術段位等級制。本書在介紹了最基本的動作之後，編入了最基本的入段套路詳解。每個武術愛好者只要跟著本書步驟自修，都可達到武術初級段

位（一、二、三段）水平。

　　本社曾出版過《武術基礎練習叢書》一書，深受廣大武術愛好者喜愛，多次再版仍未能滿足需要。根據近年來我國武術發展的形勢，本套叢書是在原《武術基礎練習叢書》的基礎上新編而成。這套叢書包括以下幾冊：

　　《武術基本功和基本動作》——名師出高徒㈠

　　《長拳入門與精進》——名師出高徒㈡

　　《劍術、刀術入門與精進》——名師出高徒㈢

　　《棍術、槍術入門與精進》——名師出高徒㈣

　　《南拳入門與精進》——名師出高徒㈤

　　《散手入門與精進》——名師出高徒㈥

　　《太極拳入門與精進》——名師出高徒㈦

　　《太極推手入門與精進》——名師出高徒㈧

前　言

　　散手，俗稱散打；古稱相搏、手搏、白打、手戰等。由於這種徒手相搏、相角的競爭是在臺子上進行，又稱「打擂臺」。

　　它在中國具有悠久的歷史，早在宋代（西元 960～1279 年），就已相當流行。每逢重大節日，在京城護國寺搭起擂臺（當時叫「獻台」），各道、郡的高手都來較量。

　　到了明代（西元 1368～1644 年），這項活動有了更大的發展。此時則稱「打擂臺」。古時擂臺兩側多有「拳打南山猛虎，腳踢北海蛟龍」的楹聯。賽前，雙方先立好生死文書。

　　新中國成立後，武術被列爲體育運動專案。70 年代末，隨著武術事業的蓬勃發展，與武術套路運動相應而發展的武術散手運動，愈來愈受到國內、外廣大武術愛好者，尤其是青少年的喜愛。

　　1988 年中國武術協會在深圳市成功地舉辦了國際武術散手擂臺邀請賽。1989 年，國家體委決定將武術散手列爲體育正式競賽項目，從而促進了武術散手運動的進一步發展，1990 年又頒佈了《武術散手競賽規則》，並培養了一批武術散手裁判員；制定了《武術

散手運動員技術等級標準》；還組織專家編寫了參考教材，錄製了散手教學錄影帶等。

武術散手運動的開展，已引起了國際武林朋友的濃厚興趣，國際武術聯合會已將散手列入今後洲級和世界武術比賽的主要內容之一。1991年在北京第一屆世界武術錦標賽上，成功地舉辦了散手擂臺表演賽。

# 目 錄

# 第一章

散手基本技術

# 第一節 實戰姿勢

## 一、手　型

　　拳，五指內屈握緊，拇指第一指節壓在食指和中指的第二指節上（圖1①②）。

## 二、步　型

　　開立步，兩腳前後開立，略比肩寬，兩腳尖稍內扣，兩膝微屈（圖2）。

## 三、實戰姿勢（以左勢為例，以下均同）

　　側身，成開立步，兩手握拳，拳眼斜朝上，左前右後屈舉於體前；左臂屈 90～110°，右臂屈小於 90°，垂肘緊護右肋；下頦微收，閉嘴合齒；面部和左拳、左肩正對對手（圖3）。

圖 1-1

圖 1-2

圖2　　　　　　　　圖3

## 四、實戰姿勢技術分析

散手的實戰姿勢，通常也叫預備姿勢。不同的拳種有不同的預備姿勢。如形意拳用三體式；長拳用高虛步；南拳用馬步；八卦掌則用擺扣步，等等。

根據拳種的特點或某個典型動作有所區別。不管選用哪種姿勢，都應具有以下三點：

### 1.便於步法移動

實戰時，運動員需要根據攻防動作的特點和要求，在不同的時機、距離、條件下迅速地轉換步法和變換姿勢。為便於步法的移動，身體重心在兩腿之間，不論做前後左右的移動都是等長距離，無須明顯轉換重心。

再者，微屈的兩腿使身體總處於一種欲動的「彈性」狀態，增加了步法移動的靈活性。

## 2.便於運用進攻方法

實戰時，運動員必須準確地把握進攻的時機。而時機是靠運動員應急的敏感性來獲得，特別是防守反擊時。實戰中，對方時而拳，時而腳，時而打上，時而擊下，且距離時時變化。這時兩手的位置，兩腳的距離至關重要，應是距對手最近，路線最短，以便於靈活的變換，適應各種進攻方法，並使之迅速發動。

## 3.便於防守

其防守方法有時是閃躲，如後閃、側閃、下閃等；有時是用四肢防守，如左右拍擊、格擋、提膝、阻截等。是否有利於防守，首先是身體的投影面要小，即暴露給對手的身體部位要少；其次是防守面要大。

因此，實戰姿勢要求身體要側向站立，兩臂一上一下緊護頭部和軀幹，使胸、腹、襠等得分或要害部位處於有效的保護下；另外還要求豎項梗脖，下頦微收，閉引合齒，縮小咽喉的暴露面。

# 第二節 步 法

## 一、步法技術

### 1.進步

前腳（左腳）先向前進半步，後腳再跟進半步（圖4、5）。

【要點】

進步步幅不宜過大，後腳跟進後的身體姿勢不變，進步與跟步銜接越快越好。

圖4

圖5

圖6          圖7          圖8

## 2.退步

後腳（右腳）先後退半步，前腳再退回半步（圖6）。

【要點】

參考「進步」。

## 3.上步

後腳向前上一步，同時左、右拳前後交換成反架勢（圖7）。

【要點】

上步時身體不能前後擺動，上步與兩手動作要同時進行，要協調、迅速。

## 4.撤步

前腳向後撤一步，成右前左右，左腳跟離地，右腳腳尖外展，重心偏於右腿（圖8）。

圖 9                    圖 10

【要點】

撤步不宜過大，重心移動不要明顯。

### 5.插步

後腳向左橫移一步，腳跟離地，兩腳略呈交叉狀（圖9）。

【要點】

插步時上體的左側面仍與對手相對；插步後要及時還原成預備勢。

### 6.跨步

左腳（右腳）向左（向右）側跨半步，兩膝彎曲，右腳略向左腳靠近；同時右拳向斜下方伸出，左拳回收至左腮旁（圖10）。

【要點】

此步法主要用於側閃防守。跨步後身體重心下降，以利

圖 11　　　　　　　　　　　　圖 12

於反擊。兩腿要一虛一實；兩臂分別防守上、下，形成較大的防守面。

### 7.閃步

左（右）腳向左（右）側移半步，右（左）腳隨之向左（右）滑步；同時身體向右（左）移動約90°（圖11）。

【要點】

步法輕靈，轉體閃躲靈活、敏捷。

### 8.換步

左腳與右腳同時蹬地並前後交換，同時兩拳也前後交換成右勢（圖12）。

【要點】

轉換時要以髖關節帶動兩腿，身體不能明顯騰空，重心不宜起伏過大。

圖 13　　　　　　　　圖 14　　　　　　　　圖 15

## 9. 蓋步

右腳向左腳前邁步，腳尖外擺；左腳跟離地，兩膝微屈，重心偏於右腿（圖 13）。

【要點】

邁步時上身不轉，重心不要起伏，步幅適中。

## 10. 縱步

**單腿縱步**：一腿屈膝上提，另一腿連續蹬地向前移動（圖 14）。

**雙腿縱步**：兩腳同時蹬地使身體向上或向前、後、左、右跳起（圖 15）。

【要點】

腰胯緊收，上體正直，蹬地要快，但騰空不宜過高。

圖 16　　　　　　圖 17　　　　　　　圖 18

## 11.墊步

後腳蹬地向前，腳內側併攏；同時前腿屈膝提起（圖 16、17）。

【要點】

後腳向前腳併攏要疾速，墊步與提膝不脫節、不停頓；身體向前移動，勿騰空。

## 12.躍步

右腳蹬地後向前跨越一大步，左腳繼而向前跨一步（圖 18、19）。

【要點】

兩腳動作要連貫、迅速，上體不要晃動，騰空勿高。

圖 19

# 二、步法技術分析

拳諺說：「練拳容易走步難。」步法的快慢，移動距離的大小，直接影響著攻防的效果。故此對步法的技術要求是：

## 1.活

活，是指步法移動、交換要靈活敏捷。運動時靈活多變，不僵不滯，虛實變換，富有彈性，讓對手看不清自己的重心所在，給對方造成判斷困難。步法要活，力量是基礎，膝關節、踝關節彈性要好；站立時，兩腳相距不宜太寬，兩膝彎曲不能過大，身體重心儘可能不向一邊倒（除必要的進攻外）；實戰中兩腳始終處於活動中，儘量避免靜止不動。

## 2.疾

疾，是指步法移動的速度。豢諺說：「手到腳不到，破敵不得妙」；「手打三分腿打七，勝人全憑腳下疾」。雙方交手前都處在相持和窺視狀態，相互保持一定距離，任何一方發動進攻，必須以快速的步法接近對方，在有效距離內施以進攻，才能有效；同樣，防守一方，也必須具備有快速的後退和躲閃能力，防守方能成功。

## 3.穩

穩，是指步法移動的穩定性，拳諺說：「步不穩則拳亂。」素以下盤穩定的南拳亦有拳諺說：「手似銅錘腳似

馬」；「起腿半邊空」。在北方諸拳派的攻防要訣中也講到「借勢打勢」「順手牽羊」「四兩撥千斤」等，這些都講述了這樣一個道理：掌握了對方身體重心及移動的規律，破其穩定，以巧取勝。例如，有的運動員沖拳時只注重力度而使身體重心過分前移，超出了支撐面，對手如順勢一帶就失去平衡；還有的運動員使用腳法進攻時，一味追求腿的擊打高度，造成支撐腿站立不穩，遇有對手使用掀、托等方法，便會倒地。這些都是步法不穩的結果。

### 4.準

準，是指步法移動的準確性。準確地移動步法，能為進攻、防守或防守反擊贏得時間。進攻時的步幅太小，則不能產生最佳效果；並影響第二次進攻和回位防守；防守時步法移動的距離不夠，有可能被擊中；而移動過多，又不利於反擊。把握步法移動的準確性，主要取決於運動員的時、空感覺的能力，而這種能力的獲得，有賴於長期的實踐和不斷地摸索。

## 三、步法技術訓練

步法是散手技術中的重要內容。實戰時，雙方都保持一定的距離，只有通過步法的移動，才能搶佔有利的位置。為發動進攻或轉換防守創造條件，如果距離不合適，有效地進攻和防守就是一句空話。

武術諺語說：「步慢則拳（腳）慢，手到步到方之為妙。」又說：「練拳容易走步難。」說明了步法在散手訓練

中的作用。步法訓練的方法很多，主要有：

## 1. 單兵練習

每學完一種步法，必須經由自身的反覆練習，揣摩、體會要領，鞏固技術。開始可專門練習一種，待技術熟練以後，可把幾種步法組合練習：如進步和退步；墊步接單跳步；跳閃步中突進轉突退或突退轉突進等，以適應實戰中的各種變化。

## 2. 結合信號練習

教師或同伴可以運用掌心、掌背的朝向或手指的數量，或規定某一信號，要求練習者根據信號做出相應的步法，既鞏固步法，又提高反應能力。

## 3. 兩人配合練習

兩人一組，面對面保持一定距離，一人為主動方，另一人為被動方。主動方隨意做各種步法，被動方要根據對方的變化而相應地變化，如一方進步，另一方則退步；一方左閃，另一方也左閃；一方墊步，另一方則收步等，雙方的距離應儘量保持不變。這種練習方法除提高練習者的反應能力外，更主要的是提高步法移動的準確性，移動的距離感。

## 4. 結合攻防動作練習

步法移動的目的是為了更加有效地進攻或防守反擊。因此，結合攻防動作進行步法練習，是提高步法移動實效性的主要方法，也是提高上下配合、整體協調的重要手段。同一

個左沖拳，可以結合進步、退步或左、右閃步等進行練習，以便適應實戰的各種戰況。

## 5.實戰中練習

實戰是運用和提高各種技術的有效方法。步法移動的時間、速度、幅度，可以透過實戰進行檢驗，從中發現不足，為改進技術提供依據。

## 第三節　進攻技術

## 一、拳法技術

### 1.左沖拳

預備勢（圖3）。右腳微蹬地面，重心微向前腳移動；同時左拳直線向前沖出，力達拳面（圖20）。

【要點】

（1）沖拳時，上體不可前傾，腰略向右轉。

（2）拳面領先，上臂催前臂，臂微內旋，肘微屈。

（3）快出快收，切勿停頓，沖拳後迅速還原成預備勢。

圖20

【易犯錯誤及糾正方法】

(1)由於沖拳前肘先於拳而動，形成拳往下撩的錯誤。

【糾正】強調以拳領先，勿先動肘；或同伴幫助以一手拉拳，一手按肘，慢慢體會要領。

(2)只動前臂，沖拳時以肘關節為軸，只是前臂屈伸，不是以肩為軸上臂催前臂。

【糾正】強調肩先起動，催肘送拳。

【用法】

左沖拳是一種直線進攻型動作，特點是距離對手較近，易發動，預兆小，靈活性強，但相對地力度較小。可以以身體高、低姿勢配合，或左、右躲閃擊打對方腰部以上任何部位。既可主動進攻，又能防守反擊，而左沖拳更多是用於以假亂真，虛招引誘對手，為接用其他方法「探路」，是進攻技術中最常見、最主要的動作之一。

例(1)抱攻對手的中、上盤（上盤：胸部以上；中盤：腰部以上；下盤：腰部以下。以下均同）。

雙方在對峙的狀態下，突然快速進步或上步，以左沖拳攻擊對方頭部或胸部（圖21、22）。

例(2)當對手向前追擊時，突然向左側閃躲，反擊其頭部（圖23）。

圖21

圖 22                                圖 23

例（3）當對手左摜拳擊上盤時，右手掛擋；同時用左沖拳反擊其胸或頭（圖24）。

例（4）當對手左沖拳攻擊上盤時，迅速俯身向下躲閃；同時以左沖拳反擊其腹部（圖25）。

例（5）當對手左摜拳向上盤進攻時，右手外掛防守；同時以左沖拳反擊其胸部（圖26）。

例（6）當對手左摜拳攻擊上盤，俯身下躲；同時以左沖拳反擊其腹部（圖27）。

例（7）當對手擬用左蹬腿進攻，屈膝提起時，迅速搶步進身；同時以左沖拳反擊對手頭、胸部，後發先至（圖28）。

例（8）當對手進步欲俯身抱摔時，左沖拳反擊其頭部（圖29）。

圖 24

圖 25

圖 26

圖 27

圖 28

圖 29

圖 30　　　　　　　　　　圖 31

例（9）當左腿被對手抱住，並欲使摔法時，迅速前移身體重心；並以左沖拳反擊對手頭部（圖30）。

例（10）當對手進步左勾拳進攻腹部時，右手掩肘防守後；左沖拳反擊對手的頭部（圖31、32）。

### 2.右沖拳

預備勢。右腳微蹬地並向內扣轉，轉腰送肩的同時；右拳直線向前沖出，力達拳面；左拳變掌回收至右肩內側（圖33）。

【要點】

（1）右沖拳的發力順序是起於右腳，傳送到腰、肩、肘，最後達於拳面。

（2）上體向左轉動（頭不轉），以加大沖拳力量。

（3）還原時以腰帶肘，主動回收。

圖 32　　　　　　　　　　　　圖 33

【易犯錯誤及糾正方法】

(1) 上體過於前傾。沖拳時，上體向前移動過多，腰沒有向左擰轉。

【糾正】多體會腰繞縱軸方向擰轉帶動沖拳的要領，克服向前俯身的毛病。

(2) 沖拳時前臂、肘關節先動並外翻，形成撩拳錯誤。

【糾正】由教練或同伴幫助；或面對鏡子，做慢動作練習。

(3) 後引拉拳，預兆明顯。這是學習拳法的常見錯誤。

【糾正】面對鏡子或同伴監督，用慢速放鬆練習，以體會出拳路線。

【用法】

右沖拳是主要的進攻動作之一。它的特點是攻擊距離長，能充分利用蹬腿轉腰的力量加大沖拳的力度。如運用得好，具有較大的威脅力。

圖 34　　　　　　　　　　圖 35

圖 36　　　　　　　　　　圖 37

例（1）在雙方對峙狀態下，突然以快速的步法逼近對方；同時右沖拳搶攻其中、上盤部位（圖34）。

例（2）當對手（圖中左者）左沖拳攻擊上盤時，俯身下躲；同時右沖拳反擊其中盤（圖35）。

例（3）當對手右沖拳進攻上盤時，向左側閃躲；同時右沖拳反擊其腹部（圖36）。

圖 38　　　　　　　　　圖 39

圖 40　　　　　　　　　圖 41

　　**例（4）**當對手右沖拳進攻中盤時，先以左手拍壓其拳；繼而右沖拳反擊其頭部（圖37、38）。

　　**例（5）**當對手右摜拳攻擊上盤時，左手掛擋防守；同時右沖拳反擊其軀幹或頭部（圖39）。

　　**例（6）**當對手以右橫踢腿向下盤進攻時，左手外掛防守；隨即進步右沖拳反擊其上盤（圖40、41）。

圖 42　　　　　　　　　　圖 43

例（7）當對手右橫踢腿向上盤進攻時，左手掛擋防守後，以右沖拳反擊其上盤（圖42、43）。

### 3.左摜拳

預備勢。上體微向右轉；同時左拳向外（約45°）、向前、向裡橫摜，臂微屈，拳心朝下，力達拳面；右拳護於右腮旁（圖44）。

【要點】

（1）力從腰發，腰繞縱軸向右轉動。

（2）摜拳發力時，臂微屈，肘尖抬至與肩平。

【易犯錯誤及糾正方法】

（1）摜拳幅度過大。

【糾正】面對鏡子或同伴幫

圖 44

圖 45                          圖 46

助，消除只想用力的心理，嚴格體會摜拳的運行路線，待動
作基本定型後，再加大動作力量。

（2）翻肘過早，出現甩拳動作。

【糾正】請同伴幫助，一手拉拳，一手按肘，克服翻肘
的錯誤。

（3）向前探身。

【糾正】多體會向右轉腰發力的要領；或同伴幫助控制
身體前探。

【用法】

左摜拳是一種橫向的進攻動作，可以結合身體姿勢的
高、低變化，擊打對方的側面。上盤可擊太陽穴；中盤可擊
腰肋部位。

例（1）雙方對峙時，突然向左閃步；以左摜拳搶攻對手
頭部（圖45）。

例（2）雙方對峙時，突然向前進步，俯身；左摜拳搶攻
其胸、腹部（圖46）。

圖 47　　　　　　　　　圖 48

圖 49　　　　　　　　　圖 50

　　例（3）對手右摜拳向上盤進攻，俯身向下躲閃後；左摜拳反擊其頭部（圖47、48）。

　　例（4）對手左抄拳向胸、腹部進攻時；右掩肘防守後，以左摜拳反擊其頭部（圖49、50）。

　　例（5）對手左橫踢腿向中盤進攻時，右手外掛防守後急速進步；以左摜拳反擊其頭部（圖51、52）。

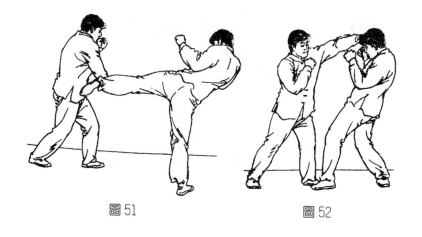

圖51　　　　　　　　　　圖52

## 4.右撗拳

預備勢。右腳微蹬地並向內扣轉，合胯並向左轉腰，同時右拳向外（約45°）、向前、向裡橫撗，力達拳面或偏於拳眼側；左拳變掌屈臂回收至左腮前（圖53）。

【要點】

(1) 右腳內扣，合胯轉腰與撗拳發力要協調一致。

(2) 撗拳發力時，肘尖微抬，使肩、肘、腕基本成水平。

【易犯錯誤及糾正方法】

參考「左撗拳」。

【用法】

右撗拳也是一種橫向進攻動作。它的特點是能充分借助右腳蹬地轉腰的力量，力度較大。但因其進攻路線長，動作幅度宜小不宜

圖53

圖 54

圖 55                  圖 56

大。此拳法多用於連擊或防守後反擊。

例 (1) 雙方對峙時，左沖拳佯攻頭部；對手舉臂防守的一瞬間，俯身右摜拳擊其左側肋部（圖 54）。

例 (2) 對手右蹬腿進攻中盤時，以左手裡掛防守，進步；以右摜拳反擊其胸部（圖 55、56）。

圖 57                        圖 58

圖 59                        圖 60

　　例（3）對手右抄拳進攻腹部，左手向裡掩肘防守；右摜
拳反擊其頭部（圖57、58）。

　　例（4）對手橫踢腿進攻上盤時，左手掛擋防守後進步；
右摜拳反擊其胸以上部位（圖59、60）。

## 5. 左抄拳

預備勢。重心略下沈，左拳由下向前上方勾起，上、前臂夾角在 90°～110° 之間，拳心朝裡，力達拳面（圖 61）。

圖 61

【要點】

(1) 重心略下沈，是為了更好地利用前腳蹬地扭轉的反作用力，加大勾拳力量。動作要連貫、順達，用力要由下至上。

(2) 抄拳時，臂應先微內旋再外旋，拳呈螺旋形運行。

(3) 抄拳發力時，腰向右側轉動，發力短促。

【易犯錯誤及糾正方法】

(1) 左拳向外繞行。

【糾正】面對鏡子，不追求用力，重點體會拳的運行路線。

(2) 抄拳發力時上體後抑、挺腹。

【糾正】重點體會蹬地轉腰的要領及內力的運用。

(3) 身體重心上提，歪胯。

【糾正】請同伴幫助，一手按頭，一手扶胯，邊練習邊提示改進。

【用法】

抄拳屬上下進攻型動作。由於擊打距離短，適用於近距離實戰。雙方接觸時，正面攻擊對手的胸、腹或下頦。

圖 62　　　　　　　　　　圖 63

圖 64　　　　　　　　　　圖 65

　　**例（1）** 對手左抄拳進攻胸、腹部時，沈身左轉右掩肘後；以左抄拳反擊其軀幹以上部位（圖 62、63）。

　　**例（2）** 對手（圖 64、65 左者）上步欲抱腿時，沈身；以左抄拳反擊其頭部（圖 64、65）。

圖66                    圖67

例 (3) 對手左摜拳擊頭時，右手掛擋，沈身；左抄拳反擊其腹部（圖66、67）。

## 6.右抄拳

預備勢。右腳蹬地，扣膝合胯，微向左轉腰的同時，右拳由下、向前、向上抄起，上、前臂夾角在 90°～110°之間，拳心朝裡，力達拳面；左手回收至右肩內側（圖68）。

【要點】

(1) 右抄拳要借助右腳蹬地、扣膝、合胯、轉腰的力量，發力由下至上，協調順達。

(2) 抄拳時，右臂先微內旋再外旋，螺旋形運行。

【易犯錯誤及糾正方法】

(1) 右拳後拉。多是由於練習者想加大動作力度，以致右拳先後

圖68

圖69　　　　　　　　　　　圖70

拉再上勾，出現嚴重預擺。

　　【糾正】應消除一心用勁心理，著重體會動作路線和全身的協調配合。

　　(2) 身體向上立起，沒有體會合胯轉腰的用力方法，過分追求蹬地伸髖。

　　【糾正】請同伴協助控制重心的起伏，如一手按頭，一手給靶（保持正確的高度），體會力從腰發的要領。

　　【用法】

　　例 (1) 對手右摜拳攻擊右盤上側時，左手掛擋後；右抄拳反擊其軀幹以上正面部位（圖69、70）。

　　例 (2) 對手右抄拳向胸、腹部進攻時，左手掩肘防守後；右抄拳反擊其中盤（圖71、72）。

　　例 (3) 對手進身欲抱腿，上步俯身時，右抄拳阻擊其頭部（圖73、74）。

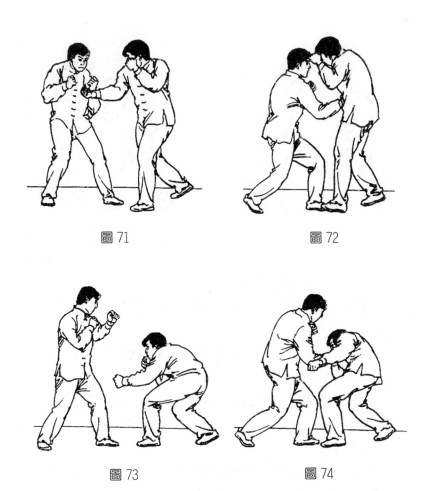

圖 71

圖 72

圖 73

圖 74

## 7. 彈拳

預備勢。左拳以伸肘彈腕的力量，反臂向前彈擊，力達拳背（圖75）。右手彈拳轉腰順肩。

【要點】

(1)彈拳前左臂肌肉儘量放鬆，以氣催力。

（2）彈拳發力時含胸拔背，順肩，送肘，甩手腕，放長擊遠。

（3）彈拳後回收要快。

【易犯錯誤及糾正方法】

（1）彈拳前肌肉未能放鬆，以致彈拳沒有速度，僵勁。

【糾正】專門練習甩臂動作，由拳變掌，有利於肌肉放鬆。

（2）先拉後彈，有預兆。

圖 75

【糾正】放慢速度，面對鏡子練習改正。

【用法】

彈拳的特點是冷、脆、快、遠。在對方冷不防的時候，以脆、快的彈拳擊打對方的面部，擾亂對方的視線，為接其他進攻動作起先導作用。

例（1）主動彈擊對手頭部（圖76）。

例（2）主動彈擊對手胸、腹部（圖77）。

圖 76

圖 77

圖 78　　　　　　　　圖 79

## 8.劈拳

以左拳為例：預備勢。伸直左臂，拳由上向下（正劈），或向斜下方（斜劈）劈打，拳眼朝上或朝斜上，力達拳輪（圖 78）。

【要點】

⑴劈拳時，以上臂帶前臂，肘微屈。

⑵力從腰發。劈拳時，同側腰肌收縮用力。

【易犯錯誤及糾正方法】

前臂彎曲過大，力點不準。

【糾正】多擊打實物，邊做邊檢查，改正力點，體會用力方法。

【用法】

劈拳是一種上、下型的進攻動作，主要靠腰、背的發力，用力短促、乾脆。實戰中常用於反攻對手的背部。如對手進步俯身抱腿時，以劈拳擊其背部（圖 79）。

## 9.橫扣拳

以左橫扣拳為例：預備勢。左拳向外（約 30°）、向前、向裡橫擺扣擊，拳眼朝上，拳心朝右，力達拳心（圖 80）。

圖 80

【要點】

(1) 動作幅度要小，扣擊速度要鬆快。

(2) 配合左閃步扣拳，腰略向右轉，以加大扣拳的力度。

【易犯錯誤及糾正方法】

(1) 動作幅度大，預兆明顯。

【糾正】練習者減少力度，反覆擊打彈球。

(2) 動作僵硬，速度遲緩。

【糾正】強調臂、膀肌肉放鬆，輕鬆地反覆練習。

【用法】

它的特點是幅度小，速度快，較適合於近距離或貼身的實戰，主要用於擊打對方頭部的側面。實用範例可參考左、右撺拳。

## 10.鞭拳

以右鞭拳為例：右腳經左腿後插步，身體向右後轉 180°；同時，兩手屈臂一起回收至胸前；動作不停，上體繼續向右轉體 90°，同時右拳反臂向右側橫向鞭打，拳眼朝上，力達拳背（圖 81、82、83）。

圖 81                    圖 82                          圖 83

【要點】

(1)轉體要快,以頭領先,不能停頓,雙腿支撐要穩。

(2)鞭拳時,以腰帶臂,前臂鞭打甩拳。

【易犯錯誤及糾正方法】

(1)轉體停頓,站立不穩。

【糾正】可專做轉體練習。

(2)前臂沒有外甩動作,形成直臂掄打,力點不準。

【糾正】可原地練習鞭拳,體會甩前臂的要領。

【用法】

　　鞭拳是橫向型進攻動作之一,並能借助於轉體的慣性,動作幅度大,運動路線長,力度較大。用於退守反擊時,動作隱蔽、突然。

　　例(1)雙方對峙時,先以左拳虛晃佯攻;繼而右腳插步,身體右後轉,右鞭拳橫擊其上盤(圖84、85、86)。

　　例(2)對手左或右沖拳攻擊上盤時,左腳經右腳前向後邁步,身體右轉180°,躲閃其進攻的同時;以右鞭拳擊其頭部(圖87、88、89)。

图 84

图 85

图 86

图 87

图 88

图 89

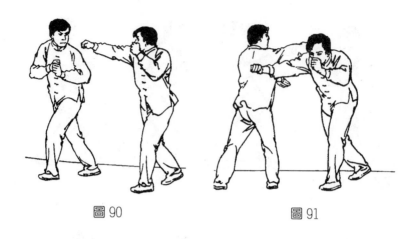

圖90                                   圖91

例(3)對手繼續追擊時，在退守中突然轉身；以右鞭拳反攻其側面（圖90、91）。

## 二、腿法技術

### 1.左蹬腿

右腿直立或稍屈，左腿提膝抬起，勾腳，以腳跟領先向前蹬出，力達腳跟（圖92、93、94）。亦可送髖，腳掌下壓，力達腳前掌。

### 2.右蹬腿

身體重心前移；左腿直立或稍屈，身體稍左轉；右腿屈膝前抬，勾腳，以腳跟領先向前蹬出，力達腳跟（圖95～97）。亦可送髖，腳掌下壓，力達腳前掌。

【要點】

圖 92　　　　　　圖 93　　　　　　圖 94

圖 95　　　　　　圖 96　　　　　　圖 97

屈膝高抬，爆發用力，快速連貫。

【易犯錯誤及糾正方法】

提膝未過腰，髖、踝關節放鬆，力不順達。

【糾正】

1.上體直立，多做提膝靠胸練習和左右轉換的蹬腿練習。

圖98                                    圖99

2.注意挺髖並稍前送；亦可多做蹬牆壁、樹幹、沙包等練習，體會發力和著力點。

【用法】

散手中的蹬腿，除與套路中的要求相同外，還吸取了前點腿的優點，除力達腳跟，當擊中對方時，腳踝發力，前腳掌下壓。這樣，擊後容易將對方蹬開或使其倒地。

例 (1) 主動蹬腿

在雙方移動、當與對手正面相對時，蹬腿擊其軀幹部（圖98、99）。

例 (2) 墊步蹬腿

當與對手距離較遠時，墊步接近對方；同時蹬腿擊其軀幹（圖100、101）。

例 (3) 迎面蹬腿

圖100

圖 101                                        圖 102

圖 103                                        圖 104

當對方上步、用拳法進攻時，迎面搶先用蹬腿擊其軀幹
（圖 102）。

### 例（4）互擊蹬腿

雙方用拳相互擊打時，突然屈膝抬腿將對方蹬開（圖
103、104）。

圖 105

圖 106

圖 107

圖 108

例（5）防拳蹬腿

對方用拳攻擊頭部時，用手格擋防守；同時蹬腿擊其軀
幹（圖 105、106）。

例（6）防腿蹬腿

對方以側彈腿、踹腿進攻，在用手防守的同時；隨即抬
腿將對方蹬開（圖 107、108）。

圖 109                                    圖 110

圖 111

**例(7)蹬腿破側彈腿**

當對方使用側彈腿進攻時，用蹬腿迎擊其大腿或腹部
（圖 109、110）。

**例(8)蹬腿破側踹腿**

當對方提膝擬用側踹腿進攻時，搶先以蹬腿封堵，攻其
腿部（圖 111）。

圖 112　　　　　　　　　圖 113

例 (9) 對方用轉身後擺腿進攻，利用對方背對自己時機，用蹬腿擊其背部或臀部（圖112）。

### 3.左後蹬腿

預備姿勢開始。身體向右後移，兩腿彎曲成跪步，右手護頭，左手自然屈肘置於體側；右腿直立或稍屈支撐，左腿抬起由屈到伸，勾腳，腳尖朝下，腳跟領先向後蹬出，力達腳跟，眼看蹬腿方向（圖113～115）。

### 4.右後蹬腿

身體向右後轉，兩腿變屈，左、右手握拳護於胸前；左腿直立或稍屈支撐，右腿屈膝抬起，腳尖勾起朝下，腳跟領先用力向後蹬；眼看蹬腿方向（圖116～118）。

【要點】

圖 114

圖115                    圖116

圖117                    圖118

　　向後轉身時以頭領先；蹬腿時收膝展髖，腰肌收縮。支
撐腿要有力，注意平衡。

　　【易犯錯誤及糾正方法】

　　低頭貓腰，腰背肌肉放鬆，蹬腿無力並偏離目標。

　　【糾正】以沙包為擊打目標，練習轉頭眼看目標再蹬
腿，並體會用力的順序和技巧。

　　【用法】

　　後蹬腿俗稱「虎尾腿」，其優點是轉體或背對對手，動

圖 119　　　　　　　　　　圖 120

圖 121　　　　　　　　　　圖 122

作隱蔽，容易使對手產生錯覺，出其不意攻之，命中率高。

　　例(1)直接後蹬

　　當身體處在背向對手的瞬間，突然用後蹬腳攻擊對方軀幹（圖119、120）。

　　例(2)插步後蹬

　　雙方伺機進攻而距離較遠時，後腿插步接近對方；而後用蹬腿擊對方胸部（圖121、122）。

圖 123                    圖 124

圖 125                    圖 126

### 例 (3) 鞭拳後蹬腿

轉身鞭拳橫擊對方頭部，隨轉體以後蹬腿攻擊對方胸部
（圖 123、124）。

### 例 (4) 後蹬腿破沖拳

對方用沖拳進攻時，身體右轉，重心落在右腿上避開來
拳；左後蹬腿擊對方軀幹（圖 125、126）。

圖127

圖128

圖129

圖130

　　例（5）後蹬腿破摜拳

　　對方用沖拳進攻時，右後轉，左腳經右腳前上左步，重心落於左腿，隨之右後蹬腿擊對方軀幹；眼看對方（圖127～129）。

　　例（6）勾踢腿接後蹬腿

　　先以勾踢腿進攻對方小腿，如其抬腿躲過；隨之用後蹬腿擊軀幹部位（圖130、131）。

圖 131　　　　　　　　圖 132

圖 133　　　　　　　　圖 134

## 5. 上蹬腿

　　對方以拳法連續進攻或者追擊推壓時，兩手帶其上臂或肩部，上體順勢後傾倒，同時一腿屈膝抬起，腳心向上，蹬擊對方腹部並借其慣性將其蹬出（圖132～134）。

圖 135　　　　　圖 136　　　　　圖 137

【要點】

借力時機要準、倒地、抬腿、上蹬動作要協調、連貫。

【易犯錯誤及糾正方法】

倒地時屈腿不及時，被對方順勢壓在身下。

【糾正】在墊子或擂臺上，多做團身後滾倒地上蹬腿動作。

【用法】

上蹬腿又稱「兔子蹬鷹」。是比賽中製造下臺戰術的重要方法。當對方一味猛烈進攻，接近台邊時，可以上蹬腿將對方蹬下擂臺。

## 6.左踹腿

預備勢。右腿直立或稍屈支撐，左腿屈膝抬起，小腿外擺，腳尖勾起，腳掌正對攻擊目標，展髖，挺膝向前踹出，力達腳掌，上體可側傾（圖135～137）。

圖 138　　　　　圖 139　　　　　圖 140

## 7.右踹腿

　　預備勢。左腿直立或稍屈支撐，身體向左轉 180°，同時右腿屈膝前抬，小腿外擺，腳尖勾起，腳掌正對攻擊目標，用力向前踹出，力達腳掌，上體可側傾（圖 138～140）。

　　【要點】

　　踹腿時，上體、大腿、小腿、腳掌成一條直線，踹出時一定要以大腿推動小腿直線向前發力。

　　【易犯錯誤及糾正方法】

　　收腹、屈髖、撅臀及上體與腿不能成一條直線，打擊距離短、速度慢、力量小等。

　　【糾正】手扶肋木或其他支撐物，一腿抬起，腳不落地，嚴格按動作要求，由慢到快反覆練習踹腿。

　　【用法】

　　踹腿，是比賽中使用率較高的腿法之一。此腿法容易調整步法，因此，踹腿的使用變化較多，它直線運動，速度

圖 141　　　　　　　　圖 142

圖 143　　　　　　　　圖 144

快，力量大，不易防守，而且配合步法運用，變化多，宜於
在不同距離上使用。

　　例 (1) 低踹腿擊對方下肢（圖 141）。

　　例 (2) 中踹腿擊對方軀幹（圖 142）。

　　例 (3) 高踹腿擊對方頭部（圖 143）。

　　例 (4) 插步踹腿，進攻對方面部（圖 144、145）。

　　例 (5) 墊步踹腿擊對方軀幹（圖 146、147）。

　　例 (6) 跟步踹腿擊對方軀幹（圖 148、149）。

圖 145　　　　　　　圖 146

圖 147　　　　　　　圖 148

圖 149

圖 150　　　　　　　　圖 151

圖 152　　　　　　　　圖 153

**例 (7) 退步踹腿**

當對方向前進步時，退步；左踹腿反擊對方下肢（圖
150、151）。

**例 (8) 閃身踹腿**

當對方用拳或腿法進攻時，向側前方上步，閃身躲過對
方的攻擊；用踹腿擊對方軀幹（圖 152、153）。

圖 154

圖 155　　　　　　　　圖 156

**例 (9) 封堵踹腿**

當對方抬腿進攻時，搶先以踹腿堵擊對方（圖 154）。

**例 (10) 格擋踹腿**

對方用拳法進攻，先以手臂格擋防守；用同側腿踹擊對方胸部（圖 155、156）。

圖 157                    圖 158

圖 159                    圖 160

例（11）轉換踹腿

先用前腿踹擊對方：對方後撤躲閃，前腿落地，繼以轉身右腿踹擊對方頭部（圖157、158）。

例（12）連續踹腿

當對方進步時，先用踹腿擊其下肢；若對方提膝躲閃，可趁其提膝腿落地時，二次踹腿，擊其胸部（圖159、160）。

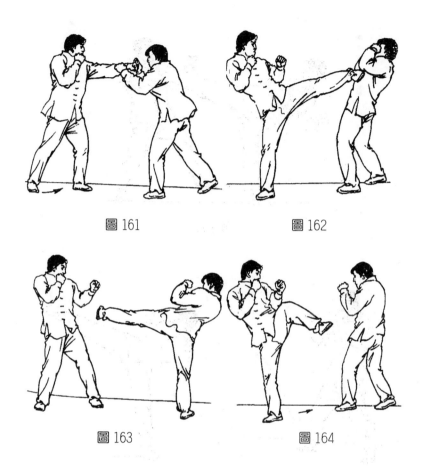

圖 161                          圖 162

圖 163                          圖 164

**例 (13) 出拳踹腿**

先以左沖拳擊對方頭部或虛晃，隨之後腿跟步，左踹腿攻擊其胸部（圖 161、162）。

**例 (14) 避腿踹腿**

對方以踹腿進攻時，稍撤身避其來腿，並趁其回收腿時；墊步左踹腿擊其頭部（圖 163～165）。

圖 165

圖 166　　　　　　　圖 167

## 8.左橫擺踢腿

　　上體稍右轉並側傾，順勢帶動左腿，（直腿）向右上方橫擺打腿，扣膝，踝關節屈緊，力達腳背至小腿下端（圖166、167）。

圖 168 　　　　　　　　圖 169

## 9.右橫擺踢腿

左膝外展，上體右轉，收
腹，帶動右腿收髖、扣膝、直
腿向左上方橫擺打腿，踝關節
屈緊，力達小腿下端至腳背
（圖 168～170）。

【要點】

以轉體帶動擺腿，動作連
貫、快速。

圖 170

【易犯錯誤及糾正方法】

俯身、坐髖、撅臀；膝沒有扣，形成撩擺。

【糾正】應注意上體稍立起，支撐腿挺髖站穩；多做踢
打沙包練習，體會動作。

【用法】

橫擺踢，在實戰中使用較多。它以身帶腿，速度快，力

量大，運用得好能獲得重擊
對手的作用。但因其弧形橫
擺，路線長，幅度大，較易
被對手察覺和防守，實戰中
應注意，動作快速、突然。

例（1）當對手搶步向
前，中盤空虛時，左橫擺踢
腿擊其胸腹部（圖171）。

例（2）左沖拳擊對方頭
部，被其防守後，左橫擺踢
擊頭（圖172、173）。

圖171

例（3）左沖拳擊對手頭部，對手撤步閃躲，隨即左轉身
右橫擺腿擊其肋部（圖174、175）。

例（4）對手身體重心在前腿時，突然以右橫擺腿擊其下
肢（圖176、177）。

例（5）對手右沖拳攻擊胸部時，左手向右拍擋；繼而左
橫擺踢擊其肋部（圖178）。

圖172　　　　　　　　　　圖173

圖 174　　　　　　　　　　圖 175

圖 176　　　　　　　　　　圖 177

圖 178

圖 179　　　　　　　圖 180

圖 181　　　　　　　圖 182

　　例(6)對手右沖拳進攻時，向左側身閃躲；同時右沖拳擊其胸部；隨即再以右橫擺踢擊其胸部（圖179、180）。

　　例(7)左手虛晃擊對手頭部；繼而右橫擺擊其頭部（圖181、182）。

## 10.左側彈腿

　　右腿直立或稍屈支撐，上體稍向右側傾；同時左腿屈膝

圖 183

圖 184

圖 185

圖 186

向左擺起，扣膝，繃腳背，隨即挺膝向前彈踢小腿，力達腳
背、小腿下端（圖 183、184）。

## 11. 右側彈腿

左腿直立或稍屈支撐，上體左轉 180°，稍向左側傾；同
時右腿屈膝前擺，扣膝，繃腳背，隨即挺膝向前彈踢小腿，
力達腳背、小腿下端（圖 185、186）。

【要點】

腳背緊張用力，膝內扣，以膝帶腿，快速有力。

【易犯錯誤及糾正方法】

腳背放鬆，膝不內扣，力點不準，容易受損傷。

【糾正】按動作要領多做繃腳背，側彈腿擊沙包、腳靶等物，體會擊打時腳背的肌肉感覺。

【用法】

側彈腿的優點是動作快速，易於變化，可視不同情況分別擊對手的上、中、下三盤。

## 例 (1) 沖拳接側彈腿

我方（圖 187、188 右側者）先用左沖拳擊（虛晃）對方頭部或軀幹；繼而右腳跟步，左側彈腿攻擊頭部（圖187、188）。

## 例 (2) 防沖拳反擊側彈腿

對方以左沖拳進攻，右手拍擋防守，同時右側彈腿反擊其背部（圖 189）。

圖 187

圖 188

圖 189

圖 190

### 例 (3) 防腿反擊側彈腿

對方（圖 190、191 左側者）用橫掃腿進攻，我以左臂格擋防守，隨即轉體側彈腿反攻其腹部（圖 190、191）。

### 例 (4) 連環彈腿

側彈腿擊對方腿部被防守時，腿不落地，屈膝回收小腿後，側彈腿再進攻，擊其頭部

圖 191

圖 192　　　　　　　　　圖 193

（圖 192、193）。

## 12.左轉身橫掃腿

　　右腳向左腳前上步，微屈獨立支撐；左後轉身 360°，隨轉體，上體稍側傾；左腿向前橫掃，腳面繃平，力達腳掌；目視左腳（圖 194～196）。

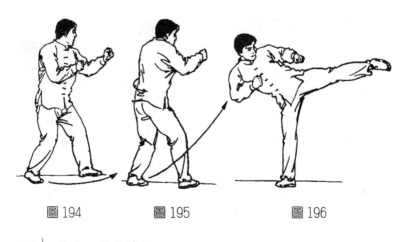

圖 194　　　　圖 195　　　　　　　圖 196

圖 197　　　　　　圖 198　　　　　　圖 199

## 13. 右轉身橫掃腿

身體右後轉 360°；隨轉體右腿直腿由後向前橫掃，腳背
繃緊，力達腳掌；目視右腳（圖 197～199）。

【要領】

轉體時以頭領先，並借其慣性，腰背發力，展髖，挺
膝，繃腳背。

【易犯錯誤及糾正方法】

貓腰（彎腰），低頭，收腹屈髖，掃擺無力，擊打不到
位。

【糾正】多做橫掃腿擊沙包練習，體會動作要領，注意
轉體時以頭領先。

【用法】

橫掃腿是橫向型的進攻動作。雖動作路線長，但在直線
動作難於進攻時，突然改變路線亦能使對手防不勝防。運用
時往往以假動作做掩護，動作果斷、敏捷、快速，常可出其

圖 200                              圖 201

不意。

## 14.後掃腿

左腿屈膝全蹲，腳前掌為軸，兩手扶地向右後方轉體一
周，展髖，帶動右腿向左後方弧線擦地直腿後掃，腳掌內扣
並勾緊，力達腳後跟至小腿下端背面（圖 200、201）。

【要點】

低身與轉體要快速連貫，藉以帶動掃腿，加快動作速
度，增強力度。

【易犯錯誤及糾正方法】

掃轉腿彎曲，腳掌離地；轉體與掃腿不連貫。

【糾正】多做轉體推地掃腿的配合練習，體會整體用力
的協調性。

【用法】

實戰中，突然下蹲，沒有經驗的對手都會產生瞬間的遲
疑，容易將其掃倒。

使用後掃腿進攻對手時機選擇很重要，一是距離要適
中；二是對方身體重心在前腳上。脫離了這兩個條件使用扶
地後掃，成功率較低。完成動作後，不管成功與否，應迅速

圖 202

圖 203　　　　　　圖 204

站起來，或準備迎擊對手反攻。

　　例（1）後掃腿破拳法

　　當對方右腿在前欲以拳法進攻時，突然下蹲；後掃腿擊
對方腳跟（圖202、203）。

　　例（2）後掃腿破腿法

　　當對方以踹腿等腿法進攻時，突然下蹲閃躲；繼而後掃
腿擊其支撐腿腳踝處（圖204）。

圖 205　　　　　　圖 206　　　　　　圖 207

## 15.左勾踢腿

　　預備勢。右腿彎曲，膝稍外展，上
體稍右轉，收腹合胯，帶動左腿直腿勾
腳向前、向右弧線擦地勾踢，力達腳弓
內側（圖 205、206）。

## 16.右勾踢腿

圖 208

　　預備勢。左腿彎曲，膝外展，身體
左轉 180°，收腹合胯，帶動右腿直腿勾腳向前、向左弧線擦
地勾踢，腳背屈緊並內扣，力達腳弓內側（圖 207、208）。

　　【要點】

　　不應有預擺動作，勾踢加速，力點準確，保持身體平
衡。

　　【易犯錯誤及糾正方法】

　　有預擺動作，幅度大，前上方用力，腳踝放鬆。

　　【糾正】做勾踢木樁或兩人相互勾踢的配合練習，互相

圖 209

圖 210

檢查，體會動作運行路線、用力方向和力點。

【用法】

勾踢腿利用「釜底抽薪」的原理，當對方身體重心在前腿時，可擊其腳後跟，破壞其支撐的穩定性。實際運用時，為提高動作的實效性，經常以同側手做切撥對手上盤相配合，效果較好。

圖 211

例 (1) 直接勾踢腿

當對方身體重心要移到前腿時，左腿在前，用右勾踢腿；右腿在前，用左勾踢腿，擊其腳後跟（圖 209）。

例 (2) 抱腿勾踢腿

對方用腿法進攻，用抱腿方法防守，隨後用勾踢腿擊其支撐腿後腳，亦可同時用同側手配合向相反方向切撥其上盤（圖 210、211）。

## 17.截腿

左腿彎曲支撐，右腿由屈至伸，勾腳並外翻，使腳弓內側朝前，向前下方截出，力達腳掌（圖212）。

圖212

【要點】

腳踝緊張，發力短促，沈實。

【易犯錯誤及糾正方法】

勾腳不緊，腳沒外翻，直腿前擺。

【糾正】多做由慢到快，由輕到重的左、右腿截擊木椿的練習，以體會動作要領。

【用法】

截腿，兼有進攻和防守的雙重作用。用於進攻時，主要是正面直線進攻對方小腿脛骨面；用於防守時，主要封堵對方各種腿法的進攻。截腿高度一般不過膝，用力是由上向前下方。

例 (1) 直接截腿

當對方進步上前靠近時，快速以右腿截其小腿正面（圖213）。

例 (2) 截腿封堵

當對方抬腿用腿法進攻時，搶先以截腿封堵對方（圖214）。

例 (3) 截腿接踹腿

右截腿虛晃進攻對方下盤，當對方提膝防守或後撤時，隨右腿前落，右轉身用左踹腿進攻對方中、上盤（圖215～217）。

圖 213　　　　　　　　圖 214

圖 215　　　　　　　　圖 216

圖 217

# 三、摔法技術

## 1.夾頸過背摔

雙方（以下稱甲、乙方）
由實戰姿勢開始（以下均
同）。甲以左直拳擊乙頭部；
乙用前臂格擋甲左前臂，左臂
由甲右肩上穿過後，屈臂夾甲
頸部；同時右腳背步（轉體撤
步）至與左腳平行，兩腿屈

圖218

膝，身體右轉，以左側髖部緊貼甲方前身；繼而兩腿蹬伸，
向下弓腰，低頭將甲揹起後摔倒（圖218～220）

【要點】

夾頸牢固，背步轉身要快，低頭、蹬腿協調有力。

圖219

圖220

圖 221

圖 222

【用法】

多用於防守沖、摜拳擊頭
部時反擊，或主動進攻。

【易犯錯誤及糾正方法】

(1) 夾頸不牢固：應使身
體貼靠對方，屈臂環繞夾緊。

(2) 揹不起對方：應強調
背步、轉身、低頭、弓腰、蹬
腿協調連貫。

圖 223

## 2. 插肩過背摔

甲用右摜拳擊乙頭部，乙立即向前上步，左閃身，左臂
由甲右腋下穿過；背右步至與左腳平行，兩腿屈膝；同時右
手推拍甲右前臂，兩腿蹬直，向下弓腰、低頭，右上臂插抱
甲右腋下將甲摔倒（圖 221～223）。

【要點】

閃身快，背步、轉身協調一致，低頭、彎腰、蹬腿連貫有力。

【易犯錯誤及糾正方法】

(1) 抱握肩不緊。

【糾正】應以背部靠近對手。

(2) 揹不起對手。

【糾正】注意低頭、弓腰、蹬腿動作連貫，用力充分。

【用法】

防守摜、沖拳對頭部攻擊時，閃躲反擊。

## 3.抱腰過背摔

甲用右摜（直）拳擊乙頭部；乙向前上半步，右閃身，左臂由甲右臂下穿過，左手抱甲腰部，右手拍擋甲左拳；背右步，屈膝後蹬直，向下弓腰，低頭將甲摔倒（圖224～226）。

圖224

圖225

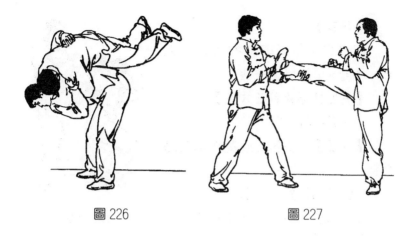

圖 226                    圖 227

【要求】

閃身快，抱腰緊，屈膝、伸腿、低頭、弓腰協調連貫。

【用法】

防守攔、沖拳擊打頭部時的反擊。

【易犯錯誤及糾正方法】

(1) 抱腰不緊。

【糾正】應注意上步轉身要貼近對方身體。

(2) 摔不倒對方。

【糾正】應使上步、轉身、屈膝、低頭、弓腰、伸腿動作連貫一致，用力充分。

## 4.抱腿過背摔

甲右蹬腿擊乙胸部；乙立即用兩手抓握住甲右腳，右腳向後背步，屈膝，將甲右腿上抬到左肩上，隨即兩腿蹬直，低頭，弓腰，將甲過背摔倒（圖 227～230）。

【要點】

接腳準，抓握牢，轉身快；低頭、弓腰、蹬腿協調一致。

【易犯錯誤及糾正方法】

(1) 抓握腳不牢。

【糾正】抓握對手應握在對方腳踝處。

(2) 扛不起對手右腿。

【糾正】轉身屈膝、上抬對手右腳的動作應連貫。

圖 228

【用法】

多用於反攻蹬腿動作。

## 5.穿臂過背摔

甲用左沖拳擊乙頭部；乙左閃身，右前臂格擋甲左前臂，左手臂由甲左臂下穿過上抱其上臂至肩上；同時身體右

圖 229

圖 230

圖 231

圖 232

圖 233

圖 234

轉，背右步，兩腿屈蹲；繼而，兩腿蹬直，弓腰、低頭，將
甲揹起後，過背摔倒（圖231～234）。

【要點】

繞抱對手左臂要快，轉身、低頭、弓腰、蹬腿協調連
貫，快速有力。

【易犯錯誤及糾正方法】

(1)繞抱不住對手左臂。

【糾正】背步轉身要快。

(2)兩腿蹬伸不直。

【糾正】背步轉身、屈膝、蹬腿動作要連貫一致。

【用法】

多用於防守反攻對手的沖（摜）拳。

## 6.抱腰過胸摔

甲用右沖拳擊乙頭部。乙立即上左步，右閃身，兩臂由甲左、右腋下穿過，抱甲腰部；右腿屈膝上步後蹬腿，向後弓腰、仰頭，將甲抱起，向後倒地的同時，弓腰、仰頭，頭離地面約 20 公分時向左轉體，將甲摔於身下（圖235～237）。

【要點】

抱腰要緊，仰頭、挺腹、蹬腿協調、有力，轉身翻腰及時。

圖235

圖236

圖 237

【易犯錯誤及糾正方法】

(1) 抱腰不緊。

【糾正】主動接近對手。

(2) 自己先倒地。

【糾正】蹬腿及時有力，翻腰後倒大膽、迅速，注意掌握好轉體時機。

【用法】

適用於主動進攻或防守反擊。

## 7.抱腿過胸摔

甲用右沖拳擊乙頭部；乙立即上右步，屈膝、弓腰，兩手抱甲雙腿；隨向前上右步，蹬腿、挺身將甲抱起後，向後弓腰、仰頭、後倒（圖238～

圖 238

圖 239

圖 240

240）。

【要點】

上步下潛快，抱腿緊，仰頭後倒大膽，空中翻身及時。

【易犯錯誤及糾正方法】

(1) 抱不住對方雙腿。

【糾正】注意接近對手，下潛及時。

(2) 抱不起對方。

【糾正】屈膝下潛和伸腿、仰頭之間，不能有間歇時間。

(3) 自己身體先著地。

【糾正】主動後倒後，翻身起立要快。

【用法】

製造下台戰術，主動進攻對方，反攻時亦可採用。

## 8.後抱過胸摔

甲用左沖拳擊乙頭部，乙立即向甲左腳外側上步，左手

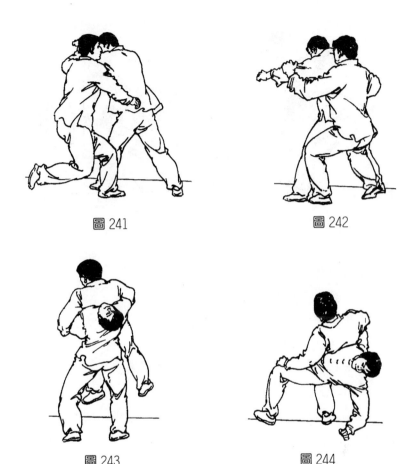

圖 241

圖 242

圖 243

圖 244

向左撥擋甲左前臂，右臂由甲右臂下穿過，抱其腰部，上右步繞至甲右腳後，兩腿屈膝；左手由甲左臂下穿過抱其腰；同時兩腳蹬地，向後弓腰，仰頭，後倒；乙頭離地約 20 公分時，向左轉體（圖 241～244）。

【要點】

上步轉身快，抱腰緊，後倒大膽，轉身及時。

圖 245　　　　　　　　　　　圖 246

【易犯錯誤及糾正方法】

(1)抱不住對手腰部。

【糾正】兩腳步法移動快而有序，步距不能過大。

(2)自己先倒地。

【糾正】仰頭要充分，空中翻身轉體要快。

【用法】

適於對方接近台邊，把對方摔到台下；也適用於防守反擊。

## 9.抱腿前頂摔

甲出拳擊乙頭部時；乙上左步，下潛躲閃，兩手抱甲雙腿，屈肘，兩手用力回拉；同時用左肩前頂甲大腿或腹部，將甲摔倒（圖 245、246）。

【要點】

下潛快，抱腿緊，兩臂後撤，肩頂有力。

圖 247

圖 248

【易犯錯誤及糾正方法】

(1) 抱不住雙腿。

【糾正】注意不潛接近對手。

(2) 摔不倒對手。

【糾正】兩臂後拉，肩頂配合協調。

圖 249

【用法】

可用於主動進攻或防守反擊。

## 10.抱腿別腿摔

甲站立或起左側彈踢腿時；乙將甲左腿抱住，並向甲的支撐腿後上左步；上體左轉，成右弓步，用左腿別甲左腿；同時用胸下壓甲腿（圖 247～249）。

【要點】

抱腿準、有力，弓步轉體協調，壓腿順勢。

【易犯錯誤及糾正方法】

(1) 抱不住腿

【糾正】掌握好接抱腿時機。

(2) 摔不倒對方

【糾正】別腿、壓腿銜接要快。

【用法】

可用於主動進攻或防守反擊。

## 11. 抱腿打腿摔

甲打拳；乙下躲閃身，同時上左步，兩手抱甲左腿；抱起後，左腿向前擺至甲右腿膝窩處；隨上體右轉，左小腿後打甲右腿（圖 250～252）。

圖 250

圖 251

圖 252

【要點】

下潛快，抱腿準，前擺、後打腿協調一致。

【易犯錯誤及糾正方法】

(1) 抱不住腿

【糾正】下潛抱腿動作連貫、迅速。

(2) 摔不倒對方

【糾正】前擺、後打腿動作不能有間歇。

【用法】

多用於主動抱單腿或接抱對方蹬腿的防守反擊。

## 12.抱單腿涮摔

甲用左蹬腿踢乙胸部；乙立即用兩手抓握甲左腳，兩腿屈膝，兩手向右側拉其右腳；隨即向下、向左上方使其成弧形擺蕩（圖253～255）。

圖253                              圖254

圖 255

【要點】

抓握要準確、牢固，右拉和弧形擺蕩動作要連貫、有力。

【易犯錯誤及糾正方法】

摔不倒對方。

【糾正】弧形擺動要協調一致；注意借用對方反抗力量。

【用法】

多用於接抱對方蹬腿、橫打腿等。

## 13.抱腿上托摔

甲用蹬腿蹬乙胸部；乙兩手立即抓握住甲左腿；屈臂上抬，兩手上托其左腳後，向前上方推送使甲倒地（圖256、257）。

【要點】

抓腳準，托推動作連貫一致。

圖 256

圖 257

【易犯錯誤及糾正方法】

托推不倒對方。

【糾正】注意托腳和推腳動作的連續性，不能有間歇時間。

【用法】

適用於防守反擊對方的蹬腿動作。

圖 258　　　　　　　圖 259

## 14.抱單腿甩摔

甲用左前蹬腿蹬乙胸部；乙立即用兩手抓握甲左腳向下拉拽，弓腰、屈膝（圖258、259）。

【要點】

抓腳準，拉拽快而有力。

【易犯錯誤及糾正方法】

拉拽不倒對手。

【糾正】注意抓腳，拉拽動作連貫、快速。

【用法】

多用於防守反擊對方的蹬腿。

## 15.抱腿手別摔

甲用左側彈踢，踢乙肋部：乙立即接抱甲左小腿，向前下方弓腰，左手臂由甲襠下穿過，別甲膝窩；同時右手抱甲左小腿向右轉體，使甲摔倒（圖260～262）。

圖 260

圖 261

圖 262

【要點】

抱腿緊，別撥有力。

【易犯錯誤及糾正方法】

(1) 抱腿不緊

【糾正】抱腿後應由上向下環抱，向內拉，貼住腹部。

(2) 別不倒對方

【糾正】身體重心下降，別腿時上體要轉動，以發揮腰部力量。

【用法】

多用於防守側踹腿的反攻。

圖 263

圖 264

## 16.接腿勾踢摔

甲用右側彈踢，踢乙肋部；乙
立即順勢用左手抱住甲右小腿，右
手由甲右肩上穿過下壓其頸部；同
時，右腳向前勾踢甲支撐腿踝關節
處（圖263～265）。

【要點】

接抱腿準確，壓頸、勾踢協調
有力。

圖 265

【易犯錯誤及糾正方法】

勾踢不倒對手。

【糾正】首先控制住腿，壓頸、勾踢動作要協調、連
貫。

【用法】

多用於防守對方左（右）側踹腿的反擊動作。

## 17. 接腿摟腿摔

甲用左側彈腿踢乙肋部；乙立即用右手臂抱住甲左小腿；右腳向前上步，左腿抬起前伸，向前向後摟踢甲支撐腿；同時左手用力向前推乙左肩（圖266～268）。

【要點】

抱腿緊，摟腿、推肩協調有力。

【易犯錯誤及糾正方法】

（1）抱腿不緊

【糾正】接抱腿時要使對方腿貼近自己腹部，使其不能逃脫。

（2）摔不倒對方

【糾正】摟腿和推肩動作協調一致。

圖266

圖267

圖268

【用法】

適用於防守踹腿的反擊。

## 18. 夾頸打腿摔

甲用左沖拳擊乙頭部；乙右前臂外格甲之手臂，左手由甲左肩上穿過，屈肘夾甲頸部；同時右腿背步與左腿平行，隨即右轉體用右小腿向後橫打甲右小腿，將甲打起（圖269～272）。

【要點】

格擋迅速，夾頸有力，打腿、轉身協調一致。

【易犯錯誤及糾正方法】

(1) 夾頸不緊

【糾正】注意夾頸時步要向前跟上，身體貼緊對方。

(2) 摔不倒對方

【糾正】打腿和轉身要協調一致。

圖269

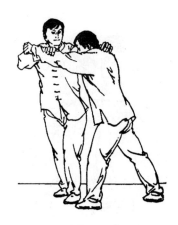

圖270

圖 271　　　　　　　圖 272

【用法】

在對手用沖（摜）拳擊打時，防守反擊。

## 19.插抱打腿摔

甲用左沖拳擊乙頭部；乙立即用右前臂向外格擋，右腳背步，左臂由甲左臂下穿過，右手臂夾、拉甲的左前臂，隨向右轉體、弓腰，左小腿向

圖 273

後上方打甲左小腿，將甲打起（圖 273～276）。

【要點】

格擋快，夾、拉臂緊而有力，打腿、轉身協調一致。

【易犯錯誤及糾正方法】

(1) 夾臂不緊

【糾正】格擋動作要快，並順勢成夾臂動作。

(2) 摔不倒對方

【糾正】注意背步打腿動作的連貫性。

【用法】

適用於格擋防守沖拳的反擊。

圖 274

圖 275

圖 276

## 20.撞胸前切摔

甲用左沖拳或摜拳擊乙頭部；乙用右前臂向外格擋後抓掠其手臂；同時，右腳向前上半步，隨即，左腳向甲左腿後插步別甲左腿，左臂由甲右肩上穿過，屈肘夾抱甲的頸部；上體前俯下壓甲胸部，使甲摔倒（圖 277～280）。

圖277　　　　　　　　　　圖278

圖279　　　　　　　　　　圖280

【要點】

格擋上步快，撞胸動作應有力。

【易犯錯誤及糾正方法】

摔不倒對手。

【糾正】注意上步要接近對方，同時使上體前傾撞
胸。

圖281　　　　　　　　　圖282

【用法】

對手站立姿勢較高時，主動進攻；對手運用沖（摜）拳時，防守反擊。

## 21.雙手前推摔

乙右腳蹬地，同前上左步成弓步；同時兩臂前伸，兩手成立掌推甲胸部；上體微前傾（圖281、282）。

【要點】

上步快，雙手用力一致。

【易犯錯誤及糾正方法】

推不倒對方。

【糾正】坐髖、沈腕雙手用力一致，發力短促。

【用法】

多用於對手臨近台邊時搶攻，將其推下臺去。

圖 283

圖 284

圖 285

## 22.撥頸勾踢摔

甲用右沖拳擊乙頭部；乙用左掌外格甲左前臂，伸右臂穿過甲的肩部，用手撥甲頸部右側；同時右腳勾踢甲左腳的踝關節處將甲勾倒（圖283～285）。

【要點】

撥頸、勾踢協調有力。

【易犯錯誤及糾正方法】

摔不倒對方。

【糾正】注意右手撥頸、右腳勾踢動作配合一致。

【用法】

用於對手沖（摜）拳擊打時的防守反攻。

## 23.穿腿靠摔

乙迅速向甲右腿外側上左步別其腿；同時沈身，以左臂向甲兩腿間插入；隨即上體左傾並向後仰，屈膝前頂；將甲靠倒（圖286～289）。

【要點】

上步快，主動側倒，靠腹有力。

【易犯錯誤及糾正方法】

靠不住對方。

【糾正】上左步控制對方右腿後撤，左臂控制其左腿後撤，及時向側倒靠其腹部。

圖286　　　　圖287

圖 288

圖 289

【用法】

對方站立姿勢較高、身體直立時，主動進攻，將其摔倒。

## 24.側倒推肩摔

甲用右沖拳擊乙頭部；乙後閃身，以左前臂格擋、抓帶甲右前臂，右腿向左前方伸出，身體側倒；同時右手推甲左肩，將甲推下擂臺（圖290～293）。

圖 290

圖 291

圖292　　　　　　　　圖293

【要點】

伸腿要直，推肩有力。

【易犯錯誤及糾正方法】

推不倒對方。

【糾正】注意動作的連貫快速，主動側倒，併用推肩動作，都應協調一致。

【用法】

臨近台邊時，捨身主動倒地，把對手推下擂臺。

## 25. 推膝撥腰摔

甲兩臂夾住乙頸部；乙迅速下蹲，右手推握甲右膝外側，左手環抱甲腰部；右手向後推甲右膝，左前臂向外撥甲腰部（圖294～296）。

【要點】

下蹲快，推、撥有力，上下配合。

【易犯錯誤及糾正方法】

推、撥不倒對手。

圖294

圖 295

圖 296

【糾正】注意推膝、撥腰動作一致，發力要短促。

【用法】

　主要用於在雙方抱纏時，突然改變方法，主動攻擊對方。

## 26.壓頸推膝摔

　甲抱乙雙膝；乙立即屈髖坐腰，微下蹲，左手壓甲後頸部，右手向上推託甲左膝關節，隨沈身下坐，右手壓，左手上託使甲向前滾翻倒地（圖297～299）。

圖 297

圖 298

【要點】

下蹲快，壓、推（托）動作協調一致。

【易犯錯誤及糾正方法】

對手不能倒地。

【糾正】下蹲要及時，壓頸、推膝動作用力一致，不能有間歇。

圖299

【用法】

多用於被抱雙腿或單腿時的反擊。

## 27.折腰摟腿摔

雙方摟抱，乙兩臂抱住甲腰，屈抬右腿，小腿由前向後摟甲左小腿；同時兩手抱緊甲腰部，上體前壓其胸，使甲後倒（圖300～302）。

圖300

圖301

圖 302

【要點】

摟抱要緊，摟腿、壓胸協調有力。

【易犯錯誤及糾正方法】

摟不倒對方。

【糾正】抱腰要緊，並向回拉，上體前傾帶胸和摟腿動作一致。

【用法】

適用於雙方互相摟抱時，突然改變摔法動作。

# 四、進攻方法組合

散手進攻方法的組合，千變萬化，既有兩三個方法的組合，也有五、六個方法的組合。但組合不是盲目的，而是根據其動作轉換的合理性和在實戰中的可行性組織編排的。

【要求】

## 1.上下結合

動作應有上有下，手腳併用，或用摔法接踢、打，或用踢、打接摔法。同一方法亦應上下運用，儘量擴大攻擊面，分散對手的注意力，使其顧此失彼。

## 2.左右結合

動作忽左忽右，左右連擊。如左摜拳進攻對手頭部右側，緊接右橫踢腿擊其左側肋部。

## 3.橫直結合

進攻路線縱橫交錯，逼迫對手無所適從。如墊步左踹腿直線攻擊對手腹部，繼而右手摜拳擊其頭部。

## 4.眞假結合

動作真真假假，假中有真，以假亂真，在戰術上是指上打下，聲東擊西；在招法上，則是虛實的運用，虛者為假，實者為真；在力度上，虛則輕而靈活，實則重而猛狠，使對手防不勝防。

# 五、進攻技術分析

進攻技術是散手技術中的主要組成部分，技術的優劣直接關係著比賽的勝敗。故此，讓運動員掌握好進攻技術的規格、要領是教學訓練中的重要任務。

進攻技術包括有各種手法、腿法和摔法。按運動結構的分類，可分為：

**直線型：**包括沖拳、蹬腿、踹腿等。

**橫線型：**包括有貫拳、鞭拳、橫踢腿、勾踢腿等。

**上下型：**包括有抄拳、劈拳等。

任何一個進攻方法都存在著動作的起止點、受力點和運行的路線三方面的規格要求。改變哪一個方面，都會導致方法的改變，或是錯誤的動作。因此，每學習一個方法都必須嚴格要求並準確掌握。現將其共性特點歸納為「十五字要訣」。

## 1.速度快

兵書上說「兵貴神速」。拳理上講「拳似流星眼似電」；「拳打人不知」；「箭來不易躲，因其疾；拳來不易防，因其快」。進攻技術如能打出「快」的特點，就會使對手防不勝防。影響動作快慢的原因是多方面的：

首先，肌肉力量是基礎。進攻動作的完成最終是靠肌肉的收縮而產生力量，沒有力量作為保證，欲做到快速進攻是不可能的。但是，力量和速度，在沒有掌握用力的技法以前是很難成正比例發展的。不難想像，舉重運動員雖然力量很大，但做起散手動作來則不盡如人意了。

其次，掌握用力技法是關鍵。任何武術流派的用力技法都要求剛柔結合。剛柔在用力技法中是相輔相成、互相依存的。剛柔相濟、先柔後剛、剛後必柔這種周期性的放鬆——收縮——放鬆就是武術用力的技法所在。有的運動員看起來肌肉很發達，但在擊拳、踢腿時動作僵硬、滯緩，欲速而不

達，沒有「寸勁」。其原因就是沒有掌握用力的技法。

再者，避免動作的「預擺」是根本。每一個進攻方法運行的路線，以及動作的起、止點是有嚴格要求的。有的運動員為了加大力量而把動作幅度做得很大，或帶有「預兆」，如先收後放、先拉後打，等等。無意中增加了動作的運行時間，結果達不到快速出擊的效果。

## 2.力量重

力量重，是指踢、打、摔的力度要求。散手比賽，運動員處在你追我退、你攻我防的激烈拼搏中，所用方法須有一定的力度，才能做到「清晰有效」；同時也才能給對方一種威脅。例如，甲使用左沖拳進攻乙；乙欲進身以摔法反擊。若甲沖拳力量很大，乙便會擔心被重擊而受傷，進身也就不那麼果斷。反之力度很小，心裡不畏懼，進身抱摔也就毫無顧慮了。再如，甲追乙退；乙欲以左踹腿阻擊，若力度小，不但不能擋住甲方衝擊，反會因踹腿而反作用於乙方，造成乙方倒地。即「起腿半邊空」。

如何加大攻擊方法的力度呢？除了運動員必須具備力量素質外，還要提高全身發力的協調性。在現有素質的條件下發揮出更大的能量。行家們說：「腿腰肩臂力要聚，出手不凡力自整。」還說：「力由腰發多根基，貫入兩肋四肢軀，發到手足成一點，丹田叫力山也移。」這些理論充分說明任何一個動作的發力，都是通過腰的作用點而貫至四肢的。

沒有高度的協調性，很難使動作發力完整。例如，右沖拳或右貫拳，先是通過後腳的蹬勁、前腳的制動後使力傳至腰；又通過腰沿縱軸方向的轉動傳至臂，最後達於手。再如

墊步左踹腿，從墊步的蹬地獲得水平速度，經過提膝制動後傳到腰，通過腰、胯、膝等關節的屈伸，使力達到腳跟。一個動作只靠局部力量是有限的，必須全身協調一致。同時在發力的一剎那，配合呼氣，屏氣蓄勁，以氣催力，達到意、氣、力三者合一，使力量更加完整。

### 3.力點準

進攻技術的力點，是構成技術方法的重要特徵。必須準確。力點不準，方法錯誤，不但效果差，也易造成傷害。如橫踢腿，技術要求繃腳面，力點在腳背弓處或小腿脛骨下端，若把力點放在腳背的趾端，則大大減輕動作的力度，有時會踢傷腳趾。

造成力點不準的原因，一是動作錯誤，如該繃腳的卻放鬆；該勾腳的卻伸直；二是腕、踝等關節部位在用力的一瞬間緊張不夠；三是動作運行路線的錯誤，如橫踢腿做成斜上撩踢，力點偏至腳弓內側；四是距離判斷錯誤，如勾踢腿時對手較遠，著力點落在腳的拇趾上。如此種種錯誤，必須在平時訓練一絲不苟地抓好動作規格，多打固定靶和移動靶，體會動作的準確性，在實戰中提升判斷和運用的能力。

### 4.預兆小

所謂「預兆」，是指做動作前預先暴露了進攻意圖。動作有預兆，這是散手運動員普遍容易出現的錯誤。在比賽中，由於動作有預兆，對手一旦抓住規律後，進攻者的進攻不但不能實現，反而會給對手造成了反擊的時機。

動作預兆有多種表現形式：動作前有的習慣眨眼、皺

眉、咧嘴；有的身體先往下一鬆再擊打；有的手、腳明顯先回收再出擊；有的打拳先動步；有的起腿先倒換重心以及上體後仰等。克服動作預兆，首先要求練習者在思想上格外重視，每學一個方法都要嚴格要求，最初應在教師或同伴的監督下練習，有條件的可面對鏡子練習，使動作正確，進而鞏固定型。

### 5.方法巧

順力而破之，為巧，逆力而破之，為拙。

拳諺說「四兩撥千斤」，就是用法之妙所在。散手比賽靠力量取勝固然需要，但以巧取勝則技高一籌。方法的巧妙，必須掌握攻擊對手的時機、對手的重心，以及控制自己動作的力度有機地結合起來，才能收到最佳的效果。

例如，甲以墊步左踹腿進攻乙；乙若趁甲墊步，重心向上時，迅速用左蹬腿阻擊其腹部以上部位，甲必因受擊而後倒。再如，丙以左貫拳擊打丁頭部右側；丁左閃身以左沖拳直線反擊丙的頭部，很有可能將其擊倒；或者在丙重心落在左腳的同時，使用右勾踢腿反擊，也能產生較好的效果。

## 六、進攻技術的訓練

進攻技術是散手技術的主體，一切步法和防守技術的運用，其目的都是為了更好進攻。學習進攻技術必須一絲不苟地掌握動作的起、止路線，著力點和攻擊的部位。而動作的起、止路線和著力點直接關係著動作成功與否。它是技術的關鍵。學習要循序漸進，從易到難，從單招到組合，扎扎實

實地學。在教學訓練中常採用的方法有：

## 1.慢速度原地練習

在教練員講解、示範技術動作後，採用慢速度的模仿練習。有些複雜動作還應分解練習，不應過分追求動作的用力。重點體會、揣摩動作的路線和力點。動作有預兆，這是初學散手時最容易出現的錯誤。

開始應特別重視，嚴格要求，有條件的應在教練或同伴的指導下，或面對鏡子，邊練習、邊檢查，不斷強化、鞏固正確的動作。

## 2.結合步法練習

經過原地練習基本掌握了動作規格後，根據實戰的需要結合相應的步法練習，使技術與實戰緊密聯繫。如一個左沖拳，在實戰時有進步沖拳、退步沖拳、左閃或右閃沖拳等，可作主動進攻，也可作防守反擊。

配合步法練習的重點，應解決身體上下的協調配合，做到步到拳（腳）到，發力完整。

## 3.模擬實戰練習

假設想像對手運用某種進攻方法或所處狀態，從實戰需要出發，選編一組或幾組進攻和防守反擊的打法，做模擬徒手練習。它不僅能有效地提高和鞏固掌握技術的熟練程度，還能使神經傳導通路，即感覺器官→傳入神經→運動中樞→傳出神經→肢體運動這一複雜的信息傳遞過程得到改善和加強，提升反應和動作速度。

### 4.不接觸的攻防練習

兩人一組，一方主動進攻；另一方防守反擊。開始可規定只做單招進攻，逐漸過渡到連招進攻，動作由易到難。為消除初學者的害怕心理和防止運動損傷，宜採用此法。

不接觸的攻防練習應保證在適當的距離（不宜太遠）和運動中做出的動作。動作的力度和速度應達到一定水平。採用「點到為止」的方法練習，雖效果較好，但不宜安排太多，以免形成習慣，影響實戰時的正常運用。

### 5.「餵」靶練習

「餵」靶練習，即通常所講的打活靶，是由教練或同伴使用手靶、腳靶或其他輔助器材，給練習者餵遞動作，幫助其練習的一種方法。打活靶能有效地提升練習者的技術及進攻和防守反擊的動作質量，提高反應速度，建立穩定的條件反射，直至達到動作自動化程度。這種練習是教學訓練中經常採用的一種形式。

### 6.打固定靶練習

利用沙包、吊球、沙袋、千層紙、木樁等練習器材，作為擊打目標。練習方法，則根據訓練目的不同而不同。如欲提升動作速度和打擊力量，可規定在一定時間內反覆用某一動作或組合動作擊打目標。要求動作快速，用力充分，不做練習密度的規定。如為提高耐力，則應規定完成幾組以及每組練習多長時間，保證一定的練習密度和強度。

打固定靶是在相對固定的距離和位置下進行的一種練

習。對提升動作的力度和耐力具有事半功倍的效果。「餵」靶，是在活動中進行的一種練習，除能提升動作力度和耐力外，還對訓練步法的靈活性，提高反應速度、距離感，以及動作的準確性等有很好的效果。因此，在訓練中應交替安排打活動靶和打固定靶的練習，不能偏一。

## 7.限定條件實戰練習

限定一定的條件，進行實戰練習，如規定，只許用沖拳和直線型腿法；只許用拳法或腿法，不得使用摔法；一方主動進攻，另一方防守反擊，等等。這些方法的優點是針對性強，能有效地訓練和提高運動員的某方面的能力及其運用方法的能力，是實戰的初級階段和進行武術訓練時較為常用的一種手段。

## 8.實戰練習

實戰是檢驗和提升技術、戰術的重要方法，是提升實戰能力的有效措施。尤其是完全按照比賽的規定和方法，有裁判裁決的形式，競爭激烈，對抗性強。在高層次訓練中，或參賽前的訓練都頻頻採用這種方法。

# 第四節 防守技術

## 一、接觸防守

### 1.拍擋

左手（右手）以拳心或掌心為力點，向裡橫向拍擋（圖303）。

【要點】

前臂儘量垂直，拍擋幅度小，用力短促。

【易犯錯誤及糾正方法】

防守時向前方迎撥，幅度過大。

【糾正】應注意只動前臂，不能伸肘、伸臂。

圖303

圖304

圖 305 　　　　　　　　　圖 306

【用法】

防守對方直線型拳法或橫向型腿法，對上盤的攻擊
（圖 304、305）。

## 2.掛擋

左手（右手）屈臂向同側頭部或肩部掛擋（圖 306）。

【要點】

大小臂迭緊並貼於頭側，要含胸側身，暴露面小。

【易犯錯誤及糾正方法】

抬肘向外格擋。

【糾正】可面對鏡子檢查動作規格。也可做攻防練習，
檢查防守的效果。

【用法】

防守對方橫向型的手法或腿法攻擊上盤，如左右摜拳或
左右橫踢腿等（圖 307、308）。

圖 307　　　　　　　　　　　　圖 308

### 3.拍壓

左拳（右拳）變掌以掌心或掌根為力點，由上向前下拍壓（圖 309）。

【要點】

拍壓時臂要彎曲，手腕和掌指要緊緊用力，臂內旋，虛口、指尖均朝右（左）。

【易犯錯誤及糾正方法】

臂伸直，虎口、指尖朝前或朝下，手腕鬆弛。

【糾正】多做徒手的強化練習。

【用法】

防守對方正面的手法或腿法攻擊中盤，如下沖拳、勾拳、撩拳及蹬踹腿等（圖 310、311）。

### 4.外抄

左（右）手臂外旋彎曲，上臂緊貼肋部，前臂與上臂約

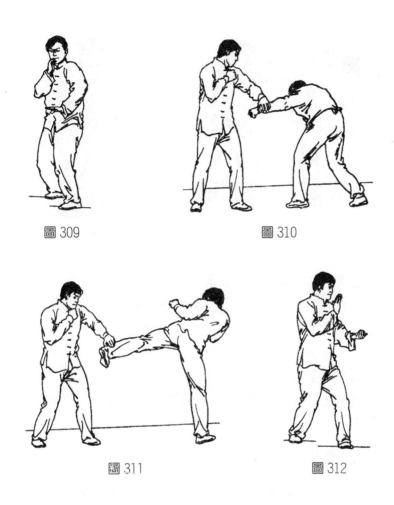

圖 309　　　　　　　　　　　　圖 310

圖 311　　　　　　　　　　　　圖 312

90°，手心朝上；同時右（左）手屈臂，立掌，手心朝外，
手指朝上（圖 312）。

【要點】

　　上臂緊護軀幹，兩手成鉗子狀。抱腿時，兩手相合鎖
扣。

圖 313                              圖 314

【易犯錯誤及糾正方法】

兩肘離開軀幹；兩手防守動作不同步進行。

【糾正】兩人一組。一人橫踢腿，用力要小；另一人體會外抄接抱腿的方法。

【用法】

接抱對方橫踢腿對上、中盤的進攻，如左右橫踢腿等（圖 313）。

## 5.裡抄

左（右）手臂微屈並外旋，緊貼腹前，手心朝上；同時右（左）手屈臂緊貼胸前，立掌，掌心朝外（圖 314）。

【要點】

兩臂緊貼體前，保護襠和胸、腹部。抱對方腿時右（左）手掌心朝下與左（右）手相合鎖扣。

【易犯錯誤及糾正方法】

兩臂離開軀幹向前迎抱，防守不嚴密。

圖 315　　　　　　　　　圖 316

【糾正】多做抱腿的模仿練習；或兩人一攻一守的練習。

【用法】

抄抱對方直線腿法或橫線腿法，由後向左攻擊上、中盤。如正面的蹬、踹腿和左橫踢腿等（圖 315）。

## 6.外掛

以左手外掛為例：左拳由上向下、向左後斜掛，拳心朝裡，肘尖朝後，臂微屈（圖 316）。

【要點】

臂肘關節微屈，肘尖內收朝後，臂朝左（右）後斜下掛防。

【易犯錯誤及糾正方法】

臂向外橫攔，肘尖朝外，直臂。

【糾正】可請同伴幫助以左、右橫踢腿進攻,反覆外掛防守。

圖 317　　　　　　　　圖 318

【用法】

結合左右閃步，掛防對方蹬、踹腿或橫踢腿攻擊我中盤
部位（圖 317）。

## 7.裡掛

左臂內旋，左拳由上向下、向右斜下掛防，拳眼朝內，
拳心朝左（圖 318）。

【要點】

臂儘量內旋，略屈肘以橈骨側為力點掛防，幅度要小，
同時上體應略向右轉。

【易犯錯誤及糾正方法】

左臂向外弧形繞圈，動作幅度過大。

【糾正】面對鏡子改進動作路線。

【用法】

結合左閃步防守對方從正面或偏右以腿法攻擊我中盤部
位（圖 319）。

圖 319    圖 320

## 8.掩肘

以左掩肘為例：左臂彎曲，前臂外旋，在腰微向右轉的同時，向內、向腹下滾掩，掌心朝裡，以前臂尺骨下端（小指側）為防守力點；含胸、收腹、低頭（圖320）。

【要點】

上體含縮，兩手、雙臂緊護胸腹，以腰帶臂，滾掩如關門閉戶。

【易犯錯誤及糾正方法】

上體含縮不夠，兩臂防守不嚴密。

【糾正】兩人配合做攻防練習，體會正確姿勢。

【用法】

防守對方由下而上的手法或腿法攻擊中、下盤（圖321）。

圖 321

圖 322

圖 323

## 9. 阻擋

　　兩腳蹬地，身體微前移，以肩部和手心阻擋對方直線拳法的進攻；以臂部阻擋對方直線腿法的進攻（圖 322、323）。

　　【要點】

　　身體用力。阻擋拳法要含縮、閉氣、提左肩並收下頦；

圖 324

阻擋腿法要含胸、收腹、沈氣，兩手緊護體前，儘量縮小被擊面。

【易犯錯誤及糾正方法】

身體直立，仰頭，兩手保護不嚴密。

【糾正】可以靜止體會動作為主，適當配合攻防練習。

【用法】

破壞、阻擋對方的進攻，為反擊做準備。

## 10.阻截

左腿屈膝略抬，腳趾翹起，腳掌朝前下方，以腳掌為力點前伸阻截（圖 324）。

【要點】

提膝迅速，阻截要搶在對方進攻之前，支撐要穩。

【易犯錯誤及糾正方法】

支撐不穩，準確性差，迎截不主動。

【糾正】多做兩人一組的攻防練習。

【用法】

以先發制人的方法，搶在對方進攻之前阻截其腿，破壞對方的進攻。

## 二、閃躲防守

### 1.撤步

前腳由前向後收步，接近後腳時腳前掌著地，重心落於後腿（圖 325）。

【要點】

前腳回收迅速，虛點地面；上體正直，支撐要穩。

【易犯錯誤及糾正方法】

上體前傾，突臀，虛實不明。

【糾正】練習收步和進步的組合步法，強調上體保持正直。

圖 325

圖 326

【用法】

防守對方以腿法攻擊下盤部位。如低蹬腿、低踹腿、低橫踢或勾踢腿等（圖326）。

## 2.後閃

重心後移，上體略後仰閃躲（圖327）。

【要點】

後閃時下頦收緊，閉嘴合齒；後閃幅度不宜過大，重心落於後腿。

【易犯錯誤及糾正方法】

頭部後仰，挺肚。

【糾正】面對鏡子多做模仿練習。

【用法】

防守對方拳法攻擊上盤部位，為以腿法反擊做準備，因此常常配合前蹬腿做防守反擊練習（圖328）。

圖327

圖328

### 3. 側閃

兩膝微屈,俯身,上體向左側或右側閃躲(圖329)。

【要點】

上體要含縮,側身不轉頭,目視對方。

【易犯錯誤及糾正方法】

身體向側橫移過多,歪頭。

【糾正】兩人配合練習,一人以沖拳從正面攻擊頭部,一人練習側閃防守,互相檢查動作姿勢。

【用法】

閃躲對方用手法正面攻擊上盤部位,如左右沖拳等(圖330)。

圖329

圖330

## 4.下蹲躲閃

屈膝，沈胯，縮頸，重心下降，弧形向下躲閃，兩手緊護胸部（圖331）。

【要點】

下躲閃時，膝關節、髖關節和頸部要協調一致，目視對手。

【易犯錯誤及糾正方法】

只低頭不屈膝，或只屈膝不含胸、沈胯，不縮頸。

【糾正】面對鏡子體會動作；同伴幫助以摜拳進攻，反覆體會正確姿勢。

【用法】

防守對方橫向攻擊頭部，如左右摜拳、高橫踢腿等（圖332）。

圖331　　　　　　　　圖332

圖 333                    圖 334


## 5.跳步躲閃

兩腳蹬地使身體向後、向左或向右跳閃（圖 333、334）。

【要點】

跳閃時，整體移動不能鬆懈；向左跳閃上體微右轉；向右跳閃上體微左轉；眼睛始終盯著對手。

【易犯錯誤及糾正方法】

跳閃前先鬆胯，動作不整體化，遲緩。

【糾正】採用跳繩練習左右閃躲，開始跳閃幅度小一些，強調腹背肌保持適當的緊張。

【用法】

在未清楚對方的進攻意圖或應急防守時，為反擊尋找適宜的位置和時機。

## 6.提膝

後腿微屈，獨立支撐，前腿屈膝提起
（圖 335）。

【要點】

重心後移，提腿迅速，根據對方腿法進
攻的路線、方位，膝關節分別有裡合、外擺
或垂直向外的變化。

【易犯錯誤及糾正方法】

身體前傾，支撐不穩。

【糾正】多做快速提膝平衡後靜止的練習。

【用法】

防止對方正面或橫向腿法攻擊下盤部位。如低踹腿、彈
腿、低橫打和勾踢腿等，若對方腿法攻擊的是大腿或腰腹
部，則可用小腿阻擋，以接觸防守（圖 336、337）進行對
抗。

圖 335

圖 336

圖 337

# 三、防守技術分析

準確、巧妙的防守，一則能保護自己，二則能為進攻創造更好的條件。拳經說：「攻中能守手不丟，守中善攻練家愁，嚴守只為攻必進，能攻才能好防守。」防守是積極主動的，其目的是為了更好地進攻。

防守技術大體分為兩類：一是閃躲防守，即通過身體姿勢的變化或是位置的移動達到防守的目的。例如，防守對手摜拳時，身體往下一沈躲過對手的拳。另一類是接觸防守，即通過肢體的攔截，達到防守目的。如對手以左蹬腿進攻，則以左手拍壓防守，等等。

兩類防守技術有不同的特點，閃躲防守有利於充分發揮四肢的攻擊作用；接觸防守有較大的保險性，與前者相比較容易做到。在實踐中，根據不同的情況和目的，運用不同的防守技術，或者根據個人的專長、特點有所側重地掌握不同的防守方法。

防守技術總的要求是：對對手的進攻時間、運行路線、攻擊方法和部位都要反應敏捷、判斷準確，達到自動化程度。但兩類不同的防守法，其技術要求是有區別的。

## 1.閃躲性防守要求時機恰當、位移準確、整體協調。

時機恰當，是要求防守的時間與進攻時間要恰到好處。閃躲過早，對手則轉移進攻；晚了則有被擊中的可能。故要求練習者必須具備較好的反應能力。

位移準確，是指躲閃對方的進攻時，身體姿勢的改變或距離的移動要有高度的準確性。初學者，往往都會出現閃躲幅度過大或距離移動過長，而貽誤戰機。

整體協調，是對身體協調性的要求；不論是前避後撤，還是左右躲閃，都必須注意身體的整體性、一致性，如何下躲閃對方的沖拳或摜拳，應由踝關節開始，膝、胯、腰、頸、頭等關節都要同時彎曲收縮，協調如一，才能收到好的防守效果。再如後閃，有的練習者只是一仰頭，軀幹和腿都不動，形成了躲頭不躲身、不躲腿的錯誤。

## 2. 接觸性防守要求防守面大，動作幅度小，還原轉換快。

防守面要大。在實戰姿勢中有述，實戰過程中也要立足於防一片，不要防一點，儘量提高防守的成功率。例如，左手拍擋對方的沖拳時，大小臂的夾角要小，前臂近似垂直，使從頭到腹都處在保護之下，對手的沖拳高一點或低一點都能防守到。若把肘尖向外一翻，前臂成水平，防守面就小多了，而且也容易造成防守落空。再如以右格擋防守對手的左摜拳，肘尖應儘量下垂，五指伸開，軀幹右側也相應側屈，從頭至右肋防護一「片」。

動作幅度小。這是防守技術中不容易做到的，特別是缺乏實踐經驗的運動員，由於緊張與恐懼心理的影響，加之正確動作未定型，一遇對手，尤其是強手的進攻，就手足無措，被動迎擋對手，而出現動作幅度過大，結果影響了防守的準確性，或者給對手造成轉移進攻的良機。

但是，防守動作幅度要小，並不是越小越好，而以防守

的效果和是否有利於反擊為準，不能只強調幅度小而失去防守和反擊的作用。

還原轉換快。是指防守與進攻的轉換要快。如防左轉防右，防上轉防下，或者由進攻轉防守等的變換過程。動作間的轉換如何才能做得快，這與動作幅度與結構有關，幅度大轉換慢，結構不合理也影響轉換的速度。合理的攻防動作結構應該是：打上防下、打下防上、擊左護右、擊右護左。既便於攻防的轉換，也能給對手一種攻之有法、防之嚴密的畏懼感。

## 3.防守反擊

防守反擊是一種複合技術，即由防守與進攻技術組合而成的。反擊技術運用得成功與否，除正確、熟練地掌握防守與進攻技術，使其達到自動化程度外，還要把握防守反擊的時機和培養防守反擊的意識。

【防守反擊的時機】

一是在對手將要進攻或已暴露跡象，但未出擊動作之前，如甲以墊步左踹腿進攻，乙在其倒換重心或提膝時迅速以左蹬腿反擊。

二是在對手進攻落空尚未轉入防守的瞬間，如甲以左橫踢腿進攻，乙後退躲閃，在甲左腳落地的一刹間迅速上步，以右腳勾踢其左踝關節。

【防守反擊的意識】

關鍵是要克服心理上的不利因素，有的運動員在實戰時缺乏自信心，使用方法猶豫不決，往往錯過了反擊的時機。也有的由於膽怯，畏懼對手的進攻，一味退閃，消極逃脫，

等等，這些都必須在訓練中加以克服。

【防守反擊的形式】

一是先防守後反擊。如對手以左踹腿進攻，壓拍防守後再搶步進身反擊。即「後發制人」。

二是防守的同時施以反擊。如對手以左摜拳進攻，我俯身下躲的同時反擊。即「防中寓攻」。

三是以攻代防。如對手以右摜拳進攻，我以左沖拳還擊對手胸部或頭部。即「以直破橫」「後發先至」。

# 四、防守技術的訓練

防守技術是散手技術的重要組成部分。防守技術運用得好，一則能保護自己，二則能減少輸分，為反攻提供有效的保證。防守技術練習的步驟與方法對掌握防守技術很重要。

## 1.個人模仿練習

在教師講解示範或個人自學教材後，首先個人應模仿體會動作。有條件的可面對鏡子或與同伴配合，邊做邊檢查，以便從一開始就建立正確的動作。

## 2.假設性練習

自己想像對手的進攻。練習相應的防守動作，經過反覆強化，建立正確的條件反射，形成鞏固的動作動力定型。

## 3.不接觸的攻防練習

在教師或同伴的幫助下，以規定進攻動作為信號，間隔

一定距離，不接觸身體，自己根據信號做出相應的防守動作。這種方法的優點能消除練習者的害怕心理，降低緊張情緒，保證動作質量，提高反應能力。

## 4.接觸的攻防練習

兩人一組，一方進攻，另一方防守，互相接觸，進一步提高防守的實效性。進攻一方用力的大小、速度的快慢以及運用方法的簡繁等，都要根據練習者的實際能力來控制。練習方式可以採用原地或移動性兩種，原地練習可以節省體力，增加練習密度；而移動性練習可以兼練步法，判斷距離，更加符合實戰。

## 5.進攻與防守反擊練習

專門性的練習防守，在訓練的初級階段是非常重要的。但到了基本掌握動作之後，應儘量把防守與反擊結合起來練習，避免形成單純的消極防守和被動打法。防守是途徑，反擊是目的。

## 6.實戰練習

實戰是雙方在緊張、激烈和瞬息萬變的情況下運用方法、提高技術，不僅要求練習者要有嫻熟的技術，更需有靈活多變的戰略戰術，所以，實戰是檢驗和提升自己防守能力的重要方法。

# 第二章

初段位散手規定考評技術

# 第一節 入段資格技術

## 動作名稱

預備勢
第一段
1. 實戰姿勢
2. 左沖拳
3. 右沖拳
4. 蹬腿沖拳
5. 馬步摜拳
6. 右彈拳
7. 左摜拳

8. 弓步右鞭拳
第二段
9. 弓步右抄拳
10. 弓步前切
11. 弓步架拳
12. 左勾踢腿
13. 轉身右踹腿
14. 實戰姿勢
15. 收勢

## 動作說明

### 預備勢

兩腳併步站立，兩臂垂於身體兩側，五指併攏貼靠腿外側，眼向前平視（圖338）。

【要點】

頭要端正，頦微收，挺胸，塌腰，收腹。

### 第一段

### 1. 實戰姿勢

(1) 右腳向右側開步，右掌由下向左平舉至左肩側，掌

圖 338

圖 339

心向後；目視左前方（339）。

（2）雙腿屈蹲成馬步。右手變拳回收，手臂彎曲，肘關節夾角小於 90°，上、前臂緊貼右側肋部；同時，左手握拳由下向左側屈臂抬起，微向外撐出，肘關節夾角在 90°～110°之間，左拳與鼻同高；目視左前方（圖 340）。

【要點】

身體重心在兩腿之間，兩手結束動作時要短促有力。

【易犯錯誤及糾正方法】

重心過高，步型不準確；手型與步型不能同時到位。

【糾正】加強步型練習，區別實戰中的步法，步型按著套路的要求進行練習；步型與手型的統一完成，要求腳到手到，多加強上下配合的協調練習。

圖 340

## 2.左沖拳

右腳微蹬地面；重心微向前移，左腳向前半步；同時左拳直線向前沖出，力達拳面；目視前方（圖341）。

圖341

【要點】

沖拳時，上體不可前傾，腰略向右轉；拳面領先，上臂催前臂，臂微內旋，肘微屈。

【易犯錯誤及糾正方法】

(1)由於沖拳前肘先於拳而動，形成拳往下撩的錯誤。

【糾正】強調以拳領先，勿先動肘；或同伴幫助以一手拉拳，一手按肘，慢慢體會要領。

(2)只動前臂，沖拳時以肘關節為軸，只是前臂屈伸，不是以肩為軸上臂催前臂。

【糾正】強調肩先起動，催肘送拳。

(3)先出步，後沖拳，後腳不能充分蹬住地。

【糾正】強調步與手一致，多加強上下協調的練習。

## 3.右沖拳

右腳向前半步；轉腰送肩的同時，右拳直線向前沖出，力達拳面；左拳半握回收至右肩內側；目視前方（圖342）。

【要點】

右沖拳的發力順序是起於右腳，傳送到腰、肩、肘，最後達到拳面；上體向左轉（頭不轉），以加大沖拳力量。

圖 342　　　　　　　　圖 343

【易犯錯誤及糾正方法】

(1)上體過於前傾。沖右拳時，上體向前移動過多，腰沒有向左擰轉。

【糾正】多體會腰繞縱軸方向擰轉帶動沖拳的要領，克服向前俯身的毛病。

(2)沖右拳時前臂、肘關節先動並外翻，形成撩拳錯誤。

【糾正】由教練或同伴幫助；或面對鏡子做慢動作練習。

(3)後引拉拳，預兆明顯。這是學習拳法的常見錯誤。

【糾正】面對鏡子或同伴監督，用慢速放鬆練習，以體會出拳路線。

### 4.蹬腿沖拳

重心前移至左腿，右腿屈膝提起，腳尖勾起，猛力向前蹬出伸直，高與腰平。右拳收至腰側；左拳向前沖出；目視前方（圖343）。

【要點】

沖拳與蹬腿要同時，上下協調。

【易犯錯誤及糾正方法】

(1) 提膝未過腰，髖、踝關節放鬆，力不順達，上體過於後傾。

【糾正】上體直立，多做提膝靠胸練習和左右轉換的蹬腿練習。此處動作應與套路中的蹬腿要求一致，力達腳跟，挺胸收腹、坐髖。

(2) 沖拳與蹬腿不一致，後手不收回到腰間。

【糾正】面對鏡子，不追求用力，重點體會手與腿的運行路線，或請同伴幫助。

## 5.馬步摜拳

右腳向前落步，右腳尖內扣向前，上體左轉。左拳變掌，收至右肩前，兩腿下蹲成馬步，右拳向前弧線摜出；目視右拳（圖344）。

圖344

圖345

【要點】

成馬步時，大腿要平，腳跟外蹬，挺胸，塌腰；摜拳力從腰發，腰繞縱軸向右轉動，發力時，臂微屈，肘尖抬至與肩平。

【易犯錯誤及糾正方法】

(1) 摜拳幅度過大。

【糾正】面對鏡子，消除用力心理，嚴格體會摜拳的運行路線，後手直接從腰間橫向摜出。

(2) 翻肘過早，出現甩拳動作。

【糾正】請同伴幫助，一手拉拳，一手按肘，克服翻肘的錯誤。

(3) 向前探身

【糾正】多體會向左轉腰發力的要領；或同伴幫助控制身體前探。

(4) 手腳不一致，摜拳與馬步上下不協調。

【糾正】先慢動練習，體會上下一致的要求，待動作基本定型後再加大運動力量。

## 6.右彈拳

重心前移成右弓步；同時，右拳以伸肘彈腕的力量反臂向前彈出，力達拳背；目視右拳（圖345）。

【要點】

成弓步時，左腿充分蹬直，腳跟不要離地，彈拳時右臂肌肉儘量放鬆；以氣催力，彈拳發力時含胸拔背，順肩，送肘，甩手腕，放長擊遠。

圖346　　　　　　　　　　　圖347

【易犯錯誤及糾正方法】

(1) 彈拳前肌肉未放鬆，以致彈拳沒有速度，僵勁。

【糾正】專門練習甩臂動作，由拳變掌，有利於肌肉放鬆。

(2) 先拉後彈，彈拳不能與弓步一致。

【糾正】放慢速度，面對鏡子練習改正。

## 7. 左摜拳

左腳向前上步。腳尖裡扣，上體右轉。右拳變掌收至左肩前，兩腿屈蹲成馬步；左拳向前弧線摜出；目視左拳（圖346）。

【要點、易犯錯誤及糾正方法】

與本段馬步摜拳相同，唯左右相反。

## 8. 弓步右鞭拳

右腳蹬地抬起，向左腳後插步；左腳以前腳掌為軸向右

後轉體180°。同時，右掌變拳反臂向右側橫向鞭打，拳眼朝上，力達拳背；左拳變掌隨轉體收至右肩前；目視右拳（圖347）。

【要點】

轉體要快，以頭領先，不能停頓，支撐要穩；鞭拳時，以腰帶臂，前臂鞭打甩拳。

【易犯錯誤及糾正方法】

(1) 轉體停頓，弓步站立不穩，定勢不完整。

【糾正】可專做轉體定勢練習。

(2) 前臂沒有外甩動作，形成直臂掄打，力點不準。

【糾正】可原地練習鞭拳，體會甩臂的要領。


第二段

## 9.弓步右抄拳

左腳蹬地提起，向右腳後側插步；以右腳腳跟為軸內扣，身體向左後轉180°，成左弓步。同時右拳回收隨轉體由下向前上方抄起，上、前臂夾角在90°～110°之間，拳心朝裡，力達拳面；左掌變拳由下向後、向上平擺至左側方，高與肩平，拳眼朝前；目視右拳（圖348）。

【要點】

動作要連貫，順達，用力要由下至上；抄拳時臂應先微內旋再外旋，拳呈螺旋形運動，發力短促。

圖348

**【易犯錯誤及糾正方法】**

(1)右拳後拉。多是由於練習者想加大動作力度，以致右拳先後拉再上勾，出現嚴重預擺。

**【糾正】**應消除一心用勁的心理，著重體會動作路線和全身的協調配合。

(2)身體向上立起，沒有體會合胯轉腰、弓步後腿蹬直的用力方法，同時後手不能撐平。

**【糾正】**請同伴幫助控制重心的起伏，如一手按頭，一手給靶（保持正確的高度），體會力從腰發的要領。

## 10.弓步前切

(1)右腳向前半步，前腳掌蹬地，右拳變掌向前抄出，手臂外旋彎曲，上臂緊貼肋部，前臂水平，手心朝上；同時左手回收手臂緊貼腹部，立掌，手心朝外，手指朝上；目視右手（圖349）。

**【要點】**

上臂緊貼軀幹，兩手成鉗子狀。

(2)左腳經右腳後插步，前腳掌著地；右腳尖外展。同時右手變拳回收至腰間；左掌經胸前向下方切出；目視左掌（圖350）。

(3)右腳經左腳前向後撤步蹬直成左弓步。同時，左掌變拳收至腰間，右臂屈肘以前臂為力點向前格出，右拳高與胸齊，拳心向裡；目視右拳（圖351）。

**【要點】**

步與手的動作要協調一致，右腿落步與右手前格同時發力。

圖349　　　　圖350　　　　圖351

【易犯錯誤及糾正方法】

(1) 抄抱不準確。

【糾正】先兩人配合多做抱腿的模仿練習，然後，再單獨練習。

(2) 撤步後，右拳臂滾壓動作沒有。

【糾正】先慢做，體會右前臂外旋加力的動作，逐漸加快速度練習。

## 11. 弓步架拳

左腿蹬直，右腿彎曲，重心右移，上體右轉，成右弓步，右拳向上架於頭上方，拳眼朝下，左拳至腰側不動；目視前方（圖352）。

【要點】

上下要協調一致。

圖352

架拳臂外旋不夠，不能與弓步一致。

【糾正】可對著鏡子，慢做動作體會要領。

圖 353

### 12.左勾踢腿

（1）右腳尖外展，左腳掌蹬地，上體稍右轉。右拳變掌由頭上下落於左手腕下，左拳變掌兩手交叉成十字；目視雙手（圖 353）

（2）左腳蹬地提起，身體右轉，收腹合胯，帶動左腿直腿勾腳向前、向左弧線擦地勾踢，腳背屈緊並內扣，力達腳弓內側。右手掌上撐在頭右側上方，掌心向右；左手掌下撐至身體左腰側方，掌心向左後方；目視前方（圖 354、354 附圖）

圖 354

圖 354 附圖

【要點】

不帶預擺，勾踢加速，力點準確，保持平衡。

【易犯錯誤及糾正方法】

有預擺動作，幅度過大，前上方用力，腳踝放鬆，勾踢發力一剎那，手的動作跟不上。

【糾正】做勾踢木樁或兩人相互勾踢練習，互相檢查，體會動作運行路線、用力方向、力點和手與腳的配合。

## 13.轉身右踹腿

(1) 左腳順勢在左側落地，腳掌著地，身體右轉180°，右腳尖外轉。右掌下落至左掌外側，左掌合於右掌內側，兩手交叉成十字；目視右前方（圖355）。

(2) 重心移至左腿，右腿屈膝提起，向右上方猛力踹出，腳尖勾起，力達腳掌。左掌經體前向左、向上畫弧撐出，掌心向左後方；右掌由體前向下、向上畫弧撐於身體右前方，掌心向右；目視右側（圖356）。

圖355                    圖356

【要點】

轉身落步時，上體稍向左傾斜，腿臂的動作要一致。側
踹高度不能低於腰，上體可側傾。

【易犯錯誤及糾正方法】

(1) 邊轉身邊抬腿踹出，形成擺腿。

【糾正】應先轉身，然後提膝踹出，多做慢速練習，逐
漸加力。

(2) 俯身、坐髖、蹶臂；膝不能收緊，形成撩擺。

【糾正】應注意上體稍立起，支撐腿微屈站穩；多做踢
打沙包練習，體會動作。

## 14. 實戰姿勢

右腳至右側落地。右掌變拳向下、向前畫弧收至左肩
側；左掌變拳屈肘回收到左肩前，同時屈膝成馬步；目視左
前方（圖357）。

圖 357

【要點、易犯錯誤及糾正方法】
參考前「實戰姿勢」。

## 15.收勢

重心右移，左腳收至右腳旁。兩拳變掌自然下垂於大腿外側，成併步站立；目視前方（圖358）。

【要點】
同起勢。

圖358

# 第二節 初段位「一段」考評技術

　　晉升一段位考評散手基本技術中的個體技術和組合技術，共分在 5 組，每組包括結合步法的防守法組合、打法組合、踢法組合、拳腿組合、摔法各一種。

　　考核採用抽籤辦法，考生抽取其中一組作為考核內容（本書介紹的內容為右架，左架則反之）。

## 動作名稱

### 第一組

1. 左右拍擋防守
2. 進步左右沖拳
3. 退步左右蹬腿
4. 墊步左踹腿→左沖拳→右摜拳
5. 抱腿別腿摔法

### 第二組

1. 左右掛擋防守
2. 閃步左右摜拳
3. 墊步左右踹腿
4. 進步左右沖拳→右蹬腿
5. 接腿勾踢摔法

### 第三組

1. 左右拍壓防守

2.側閃步左右抄拳

3.墊步左右裡合腿

4.進步左摜拳→右沖拳→右裡合腿

5.接單腿涮摔法

第四組

1.裡外抄防守

2.進步左右彈拳

3.上步左右勾踢腿

4.進步左右沖拳→墊步左裡合腿

5.抱腿手別摔法

第五組

1.裡外掛防守

2.左彈拳→轉身右鞭拳

3.轉身外擺腿

4.墊步左裡合腿→左彈拳→右轉身鞭拳

5.接腿上托摔法

## 動作說明

均以預備勢動作作為散手技術考評的開始與結束動作。


第一組

## 1.左右拍擋防守

（1）正架預備勢開始（反架反之，以下均同）（圖359）。

（2）左手、右手以拳心或掌心為力點，向裡橫向拍擋各

| 圖 359 | 圖 360 | 圖 361 | 圖 362 |

一次（圖 360、361）。

（3）預備勢結束（以下均同）（圖 362）。

【要點】

前臂儘量垂直，拍擋幅度小，用力短促。

【易犯錯誤及糾正方法】

防守時向前方迎拔，幅度過大。

【糾正】應注意只動前臂，不能伸肘、伸臂。

## 2.進步左右沖拳

上左步同時沖左拳，跟右步同時沖右拳，右腳掌蹬住地（圖 363、364、365）。

【要點】

快速連貫，沖右拳同時，左拳回撤護於右肩前。

【易犯錯誤及糾正方法】

（1）由於沖拳前肘先於拳而動，形成拳往下撩的錯誤。

圖 363

圖 364

【糾正】強調以拳領先，勿
先動肘；或同伴幫助以一手拉
拳，一手按肘，慢慢體會要領。

（2）只動前臂，沖拳時以肘
關節為軸，只是前臂屈伸，不是
以肩為軸上臂催前臂。

【糾正】強調肩先起動，催
肘送拳。

（3）上體過於前傾。沖右拳
時，上體向前移動過多，腰沒有
向左擰轉。

圖 365

【糾正】多體會腰繞縱軸方向擰轉帶動沖拳的要領，克
服向前俯身的毛病。

（4）沖拳時前臂、肘關節先動並外翻，形成撩拳錯誤。

【糾正】由教練或同伴幫助；或面對鏡子，做慢動作練

習。

(5) 後引拉拳，預兆明顯。這是學習拳法的常見錯誤。

【糾正】面對鏡子或同伴監督，用慢速放鬆練習，以體會出拳路線。

### 3.退步左右蹬腿

後腳（右腳）先後退半步，前腳迅速蹬地提起，接做左右蹬腿（圖 366、367、368、369、370、371）。

【要點】

快蹬快收，隨蹬腿落地，後腳迅速蹬地提起，向前蹬出。

【易犯錯誤及糾正方法】

提膝未過腰，髖、踝關節放鬆，力不順達。

【糾正】

1.上體直立，多做提膝靠胸練習和左右轉換的蹬腿練習。

圖 366

圖 367

2.注意挺髖稍前送；亦可多做蹬牆壁、樹幹、沙包等練習，體會發力和著力點。

3.墊步左踹腿→左沖拳→右摜拳

右腳快速跟步向前，左腿抬起由屈到伸向前踹出；隨左腳落地，左沖拳，右摜拳，動作銜接緊密，協調連貫（圖

圖368

圖369

圖370

圖371

372、373、374、375、376）。

【要點】

　　踹腿落地接拳法要快，左沖拳接右摜拳時，合胯轉腰與摜拳發力要協調一致。摜拳發力時，肘尖微抬，使肩、肘、腕基本成水平狀態。

圖 372　　　　　圖 373　　　　　圖 374

圖 375　　　　　　圖 376

【易犯錯誤及糾正方法】

(1) 墊步太慢，不能一拍完成。

【糾正】單獨練習墊步接踹腿動作，注意前腳不要上步，後腳蹬地迅速一次性完成動作。

(2) 踹腿與拳法之間的銜接太慢。

【糾正】先慢做體會，逐漸加快動作的速度提高上下的協調能力。

(3) 出後手摜拳時，前手忘記收回來防守。

【糾正】面對鏡子或同伴監督，出現錯誤時同伴用拳法反擊一下，提醒防守動作。

## 5. 抱腿別腿摔法

甲站立時，乙將甲左腿抱住，並向甲的支撐腿後上左步；上體左轉，轉腰成右弓步，用左腿別甲右腿，同時用胸下壓甲腿（圖377、378、379）。

圖377

圖378

圖 379

【要點】

抱腿準，有力，弓步轉體協調，轉腰壓腿順勢。

【易犯錯誤及糾正方法】

(1) 抱不住腿。

【糾正】掌握好接抱腿時機。

(2) 摔不倒對方。

【糾正】別腿、壓腿銜接要快。

第二組

## 1. 左右掛擋防守

左手、右手屈臂向同側頭部或肩部掛擋各一次（圖 380、381）。

【要點】

上、前臂疊緊並貼於頭側，要含胸側身，暴露面小。

【易犯錯誤及糾正方法】

抬肘向外格擋。

【糾正】可面對鏡子檢查動作規格，也可做攻防練習，

圖 380

圖 381

圖 382　　　　圖 383　　　　圖 384

檢查防守的效果。

## 2.閃步左右摜拳

左（右）腳向左（右）側移半步，右（左）腳隨之向左（右）滑步；身體右（左）轉90°，同時左摜拳打出，迅速銜接右摜拳（圖382、383、384）。

【要點】

左拳幅度不宜太大，並迅速回撤，護於右肩前。

【易犯錯誤及糾正方法】

(1) 摜拳幅度過大。

【糾正】面對鏡子或同伴幫助，消除只想用力的心理，嚴格體會摜拳的運行路線，待動作基本定型後再加大動作力量。

(2) 翻肘過早，出現甩拳動作。

【糾正】請同伴幫助，一手拉拳，一手按肘，克服翻肘的錯誤。

(3) 向前探身。

【糾正】多體會向右轉腰發力的要領；或同伴幫助控制身體前探。

### 3.墊步左右踹腿

右腳快速跟步向前，左腿抬起由屈到伸向前踹出；快踹快收，隨左踹腿落地，身體左轉，帶動右腿快速向前踹出

圖 385

圖 386

（圖 385、386、387、388、389、390）。

【要點】

踹腿時，上體、大腿、小腿、腳掌成一條直線，踹出時一定要以大腿推動小腿直線向前發力。

【易犯錯誤及糾正方法】

收腹、屈髖、蹶臀及上體與腿不能成一條直線，打擊距離短、速度慢、力量小等。

圖 387　　　　　　　　　　　圖 388

圖 389　　　　　　　　　　　圖 390

圖 391 圖 392

【糾正】

手扶肋木或其他支撐物，一腿抬起腳不落地，嚴格按動作要求，由慢到快反覆練習踹腿。

### 4.進步左右沖拳→右蹬腿

上左步同時沖左拳；跟右步同時沖右拳；右腳掌蹬地在右手回收的同時提起，右腿由屈至伸用力向前蹬出（圖391、392、393、394）。

【要點】

上下銜接，右拳回收時，後腳蹬地迅速屈膝提起，雙手回撤防守的同時，右腿向前蹬出。

【易犯錯誤及糾正方法】

(1)出後手沖拳時，後腳不能充分蹬地。

【糾正】分解練習左右沖拳，注意後腳充分蹬地，然後提膝抬起。

(2)蹬腿時雙手忘記防守。

圖 393　　　　　　　　圖 394

【糾正】面對鏡子或同伴監督，慢做體會動作，然後逐漸加快。

## 5.接腿勾踢摔法

甲用右（左）裡合踢踢乙肋部。乙立即順勢用外抄防守抱住甲右（左）小腿，右（左）手迅速由甲右（左）肩上穿過下壓其頸部

圖 395

同時右（左）腳向前勾踢甲支撐腿踝關節處（圖 395、396、397）。

【要點】

接抱腿準確，壓頸、勾踢協調有力。

【易犯錯誤及糾正方法】

勾踢不倒對手。

圖 396　　　　　　　　圖 397

【糾正】首先要控制住腿，壓頸、勾踢動作要協調連貫。

第三組

## 1.左右拍壓防守

左拳、右拳變掌以掌心或掌根為力點由上向前下各拍壓一次（圖398、399）。

【要點】

拍壓時臂要彎曲，手腕和掌指要緊張用力，臂內旋，虎口、指尖均朝右（左）。

【易犯錯誤及糾正方法】

臂伸直，虎口、指尖朝前或朝下，手腕鬆弛。

【糾正】多做徒手的強化練習。

圖 398　　　　　圖 399　　　　　圖 400

圖 401　　　　　　　　圖 402

## 2.側閃步左右抄拳

左（右）腳向左（右）側移半步，右（左）腳隨之向左
（右）滑步；身體重心略下沈同時向左轉動，前腳蹬地擰轉
迅速抄左拳，右（左）腳滑步的同時抄右拳（圖 400、401、
402）。

【要點】

動作要連貫、順達，用力要由下至上，左右抄拳要配合左右轉腰，後腳蹬地助力。

【易犯錯誤及糾正方法】

(1)左拳向外繞行。

【糾正】面對鏡子，不追求用力，重點體會拳的運行路線。

(2)抄拳發力時上體後仰、挺腹。

【糾正】重點體會蹬地轉腰的要領及內力的運用。

(3)身體重心上提，歪胯。

【糾正】請同伴幫助，一手按頭，一手扶胯邊練習邊提示改進。

(4)右拳後拉。多是由於練習者想加大動作力度，以致拳先後拉再上勾，出現嚴重預擺。

【糾正】應消除一心用勁心理，著重體會動作路線和全身的協調配合。

(5)身體向上立起，沒有體會合胯轉腰的用力方法，過分追求蹬地伸髖。

【糾正】請同伴協助控制重心的起伏，如一手按頭，一手給靶（保持正確高度），體會力從腰發的要領。

### 3. 墊步左右裡合腿（也稱橫踢腿、橫擺踢腿和側彈腿，以下均同）。

右腳快速跟步向前，左腿抬起，收腹合髖大腿帶動小腿，弧形橫打；左腳落地同時右腳蹬地迅速收腹，合髖，扣膝，微屈膝弧形向前上方橫打（圖 403、404、405、406、

圖 403　　　　　圖 404　　　　　圖 405

圖 406　　　　　圖 407

407）。

【要點】

動作銜接緊密，協調連貫。

【易犯錯誤及糾正方法】

俯身、坐髖、蹶臀，膝沒有扣，形成撩擺。

【糾正】應注意上體稍立起，支撐腿挺髖站穩；多做踢

打沙包練習，體會動作。

## 4.進步左摜拳→右沖拳→右裡合腿

上左步同時左摜拳，跟右步同時沖右拳；右腳掌蹬地在右手回收的同時提起，收腹，合髖，扣膝，微屈膝，弧形向前上方橫打（圖408、409、410、411）。

圖408　　　　圖409　　　　圖410

圖411　　　　　圖412

【要點】

橫直上下配合，動作協調。

【易犯錯誤及糾正方法】

參考「第二組」4.進步左右沖拳→右蹬腿。

## 5.接單腿涮摔法

由甲用左蹬腿踢乙胸部開始。乙立即用兩手抓握甲左腳；兩腿屈膝，兩手向右側拉其右腳；隨即向下、向左前上方成弧形擺蕩（圖412、413、414）。

【要點】

抓握要準確、牢固，右拉和弧形擺蕩動作要連貫有力。

【易犯錯誤及糾正方法】

摔不倒對方。

【糾正】弧形擺動要協調一致，注意借用對方反抗力量。

圖413　　　　　　　　圖414

第四組

## 1. 裡外抄防守

左（右）手臂外旋彎曲，上臂緊貼肋部，前臂水平，手心朝上，同時右（左）手屈臂緊貼腹部。立掌，手心朝外，手指朝上，裡外各做一次（圖415、416）。

【要點】

上臂緊護軀幹，兩手成鉗手狀。抱腿時，兩手相合鎖扣。

【易犯錯誤及糾正方法】

兩肘離開軀幹；兩手防守動作不同步進行。

【糾正】兩人一組。一人橫踢腿，用力要小；另一人體會外抄接抱腿的方法。

圖 415

圖 416

## 2.進步左右彈拳

上左步同時左拳彈出，跟右步同時彈右拳，右腳掌蹬住地（圖417、418）。

【要點】

(1) 彈拳前左臂肌肉儘量放公，以氣催力。

(2) 彈拳發力時含胸拔背，順肩，送肘，甩手腕，放長擊遠，彈拳後回收要快。

【易犯錯誤及糾正方法】

(1) 彈拳前肌肉未能放鬆，以致彈拳沒有速度、僵勁。

【糾正】專門練習甩臂動作，由拳變掌，有利於肌肉放鬆。

(2) 先拉後彈，有預兆。

【糾正】放慢速度，面對鏡子練習改正。

圖 417                              圖 418

### 3.上步左右勾踢腿

(1)左勾踢腿後腳向前上步，腳尖外展，同時左、右拳前後交換成反架姿勢。然後右腿彎曲，膝稍外展，上體稍右轉，收腹合胯，帶動左腿直腿勾腳向前、向右弧線擦地勾踢，力達腳弓內側（圖419、420）。

(2)右勾踢腿

左腳向前半步，左腿彎曲，膝外展，身體左轉180°，收腹合胯，帶動右腿直腿勾腳向前、向左弧線擦地勾踢，腳背屈緊並內扣，力達腳弓內側（圖421、422）。

【要點】

不帶預擺，勾踢加速，力點準確，保持平衡。

圖 419

圖 420

圖 421

圖 422

有預擺動作，幅度大，前上方用力，腳踝放鬆。

【糾正】做勾踢木樁或兩人相互勾踢的配合練習，互相檢查，體會動作運行路線、用力方向和力點。

## 4. 進步左右沖拳→墊步左裡合腿

上左步同時沖左拳；跟右步同時沖右拳，右腳掌在右手回收的同時蹬地向左腿內側併攏；同時前腿屈膝提起，腰微右轉，收腹合髖，大腿帶動小腿，弧形向斜上方橫踢（圖 423、424、425、426）。

【要點】

上下配合，動作協調。

圖 423

圖 424　　　　圖 425　　　　圖 426

圖 427

圖 428

【易犯錯誤及糾正方法】

沖拳完成後不能迅速跟上墊步左裡合腿。

【糾正】注意右拳回收，重心回移到右腿後，右腳迅速蹬地接墊步左裡合腿。

## 5.抱腿手別摔法

圖 429

由甲站立姿勢開始。乙進身抱住甲左小腿；向前下方弓腰，左手臂由甲襠下穿，別甲膝窩，手別的同時，右手抱甲左小腿向右轉體使甲摔倒（圖 427、428、429）。

【要點】

抱腿緊，別拔有力。

抱腿不緊。

【糾正】抱腿後應由上而下環抱，向內拉，貼住腹部。

## 第五組

### 1.裡外掛防守

（1）**裡掛：**左臂內旋，左拳由上向下、向右斜下掛防，拳心朝內，拳眼朝右（圖430）。

（2）**外掛：**左拳由上向下、向左後斜掛，拳心朝裡，肘尖朝後，臂微屈（圖431）。

裡外各完成一次。

【要點】

裡掛，臂儘量內旋，略屈肘以橈骨側為力點掛防，幅度要小，同時上體應略向右轉；外掛，左臂肘關節微屈，肘尖內收朝後，左臂朝左後斜下掛防。

圖430

圖431

【易犯錯誤及糾正方法】

(1) 外掛臂向外橫攔，肘尖朝外，直臂。

【糾正】可請同伴幫助以左、右橫踢腿進攻，反覆外掛防守。

(2) 裡掛左臂向外弧形繞圈，動作幅度過大。

【糾正】面對鏡子改進動作路線。

### 2.左彈拳→轉身右鞭拳

左腳上步同時左拳彈出後快速收回，右腳蹬地，轉身迅速，右拳鞭打橫掃，身體直立，注意平衡（圖432、433、434）。

【要點】

(1) 彈拳後轉體要快，以頭領先，不能停頓，雙腿支撐要穩。

(2) 鞭拳時，以腰帶臂，前臂鞭打甩拳。

圖432　　　　　　圖433　　　　　　圖434

【易犯錯誤及糾正方法】

(1) 轉體停頓，站立不穩。

【糾正】可專做轉體練習。

(2) 前臂沒有外甩動作，形成直臂掄打，力點不準確。

【糾正】可原地練習鞭拳，體會甩前臂的要領。

**3. 轉身外擺腿**（左或右考核一種，也稱轉身橫掃腿，以下均同）。

**(1) 左轉身外擺腿**

右腳向左腳前上步，微屈獨立支撐，左後轉身360°，隨轉體，上體稍側傾，左腿經左後向前橫掃，腳面繃平，力達腳掌；目視左腳（圖435、436、437）。

圖435　　　　圖436　　　　　　　　圖437

圖 438　　　　圖 439　　　　　　圖 440

（2）右轉身外擺腿

身體右後轉 360°，隨轉體右腿直腿由後向前橫掃，腳背繃緊，力達腳掌；目視右腳（圖 438、439、440）。

【要點】

轉體時以頭領先，並借其慣性，腰背發力，展髖，挺膝，繃腳背。

【易犯錯誤及糾正方法】

貓腰（彎腰），低頭，收腹屈髖，掃擺無力，擊打不到位。

【糾正】多做橫掃腿擊沙包練習，體會動作要領，注意轉體時以頭領先。

## 4. 墊步左裡合腿→左彈拳→右轉身鞭拳

　　右腳快速跟步向前，左腿抬起，收腹，合髖，大腿帶動小腿，弧形橫打；左腳向前落步的同時左拳彈出，迅速收回；右腳蹬地，轉身迅速，右拳鞭打橫掃，身體直立，注意平衡（圖441、442、443、444、445、446）。

圖441　　　　圖442　　　　圖443

圖444　　　　圖445　　　　圖446

【要點】

注意整體動作上下配合，協調連貫。

【易犯錯誤及糾正方法】

參考「第三組 3.左右裡合腿，和第五組 2.左彈拳→轉身右鞭拳」。

## 5.接腿上托摔法

由甲用踹腿踹乙胸部開始。乙兩手立即抓握住甲左腿，屈臂上抬，兩手上托其左腳後，向前上方推送使甲倒地（圖447、448）。

【要點】

抓腳準，托推動作連貫一致。

【易犯錯誤及糾正方法】

托推不倒對方。

【糾正】注意托腳和推腳動作的連續性，不能有間歇時間。

圖447　　　　　　　　圖448

# 第三節 初段位「二段」「三段」考評技術

## 一、「二段」考評技術

晉升二段考評的內容，是將散手技術按主動進攻與防守反擊形式進行組合（其中按照拳——腿、拳——摔、腿——摔內容組合形式），共分成五組攻防組合形式。考生按體重抽籤配對，再抽取五組中一組作為考評內容。

按照指定的進攻（假動作包括在指定內容內）和防守反擊內容，進行一局淨打兩分鐘（其中主被動交換各一分鐘）的技評或攻防組合的條件實戰，要求主動進攻方不可防守反擊，防守反擊方也不可突然主動進攻對方。

【條件】

1.主動進攻方可將指定的技術內容結合散手各種步法，隨意單招或組合地使用。既可根據場上情況直接進攻對方，也可作假動作（包括在指定進攻內容內）迷惑對方，間接進攻。

【要點】考生在作為主動進攻方練習時，應注意捕捉時機，在指定動作的範圍內使用單招和組合（包括假動作在內）的方法進攻對方，而且在對方的反擊基礎上，可繼續予以反擊。在戰術運用上，除使用單一進攻外，還包括了進攻後銜接反擊的技術。但不可在規定時間內，只是逃避而不實施進攻。

2.防守反擊方可將指定的技術內容，結合散手的各種步法隨意組合，使用單招或組合技術，抓住時機防守後反擊對方。

【要點】考生在作為防守反擊方練習時，應注意捕捉時機，在規定的動作範圍內，根據對方的進攻動作，作出相應的單招或組合的防守反擊技術。而且在對方轉為反擊的基礎上，繼續實施反擊技術，直至分離或裁判叫「停」。

但不可在規定的時間內，在雙方相持情況下，主動搶攻對方或只是逃避而予以反擊對方。

總之，二段位的考核分別是按：

① 直線型技術進攻與弧線型技術反擊；

② 弧線型技術進攻與直線型技術反擊；

③ 直線型腿法進攻技術與接腿摔接法反擊；

④ 沖拳接進身抱摔進攻技術與抄拳接防摔或反摔的反擊；

⑤ 裡合腿接進身抱摔進攻技術與沖拳接防摔或反摔的反擊。

考核是採用記評的辦法，由考生抽籤選取一組動作進攻考核，而且必須完成每一組中的主動進攻與防守反擊技術。重點應突出在以下幾個方面：

(1) 動作規格：技術規範、方法路線清楚、動作熟練。

(2) 速度、力量：協調及連貫的能力。

(3) 時機、效果：是指對時間、空間和距離的把握能力，而且成功率較高。

因此，考生在練習過程中應循序漸進，先瞭解、掌握基本技術，然後兩人慢慢配合進行攻防練習，逐步提高速度、

力量，達到靈活運用技戰術的能力。

## 動作名稱

### 第一組

1.主攻進攻動作：沖拳→側踹腿

2.防守反擊動作：拍擋，裡掛，外掛防守→裡合腿

### 第二組

1.主動進攻動作：摜舉→裡合腿

2.防守反擊動作：掛擋、拍擋防守→側踹腿

### 第三組

1.主動進攻動作：沖拳→側踹腿

2.防守反擊動作：拍擋、裡掛、外掛、裡抄、外抄、防守→接腿摔法

### 第四組

1.主動進攻動作：沖拳→抱摔

2.防守反擊動作：拍擋、防摔防守→抄拳反摔

### 第五組

1.主動進攻動作：裡合腿→抱摔

2.防守反擊動作：拍擋、防摔防守→沖拳、反摔

## 動作說明

### 第一組

## 1.主動進攻動作：沖拳→側踹腿

【要點】主動進攻方可使用的動作範圍為左、右沖拳和左、右側踹腿的單一或組合技術。

例如：左沖拳、右沖拳、左右沖拳；左踹腿、右踹腿、左右踹腿；左沖拳接左踹腿、左右沖拳接右踹腿、左踹腿接左右沖拳等。

以上均為直線型進攻技術，練習時應突出直線型、路線短、力點準確、動作直接的特點，注意在進攻與反擊交替可連續使用此類技術。

### 2.防守反擊動作：拍擋、裡掛、外掛防守→裡合腿

【要點】防守反擊方可使用以上防守動作後，用左、右裡合腿迅速反擊對方。

例如：拍擋接左裡合腿、裡掛接左裡合腿、裡掛接左右裡合腿、外掛接右裡合腿等。

以上均為弧線型反擊技術，練習時應抓住其橫向攻擊，且力量較大的特點，並可上、中、下多方位反擊對方，在攻防交替過程中，並可連續反擊對方。

第二組

### 1.主動進攻動作：摜拳→裡合腿

【要點】主動進攻方可使用的動作範圍為左、右摜拳和左、右裡合腿。

例如：左摜拳、右摜拳、左右摜拳；左裡合腿、右裡合腿、左右裡合腿；左摜拳接左裡合腿、左右摜拳接右裡合腿、左裡合腿接左右摜拳等。

以上均為弧線型進攻技術，練習時應抓住其橫向攻擊，且力量較大的特點。為減少此類技術預兆較大的缺點，可分

上、中、下三盤變換方位進攻對方。並可在攻防交替中連續使用。

## 2.防守反擊動作：掛擋、拍擋防守→側踹腿

【要點】防守反擊方可使用以上防守動作後用左、右裡合腿迅速反擊對方。

例如：掛擋接左側踹腿、拍擋接左側踹腿、拍擋接右側踹腿、拍擋接左右側踹腿等。

以上均為直線型反擊技術，練習時應抓住其線路短、力點準、動作直接的特點，並可在攻防交替中連續使用此類技術。

第三組

## 1.主動進攻動作：沖拳→側踹腿

【要點和舉例】同第一組主動進攻技術。但與第一組動作在使用方法上的最大區別是：注意對方使用的摔法，完成動作後及時回撤或馬上進入防摔狀態。因此，進攻後攻防的交替多以摔法抱纏結束。

## 2.防守反擊動作：拍擋、裡掛、外掛、裡抄、外抄防守→接腿摔法

【要點】防守反擊方可使用以上防守動作。但以抄抱為主，迅速接腿使用摔法反擊（將對方摔倒後保持站立算作有效）。

例如：裡抄接腿別腿摔、裡抄接腿勾踢摔，裡抄接腿下壓摔，裡抄接腿上托摔等。

以上均為接抱腿摔法反擊技術，練習時，應首先學好抄抱技術，然後進一步提高摔法技術，重點提高摔法的成功率。

第四組

## 1.主動進攻動作：沖拳→抱摔

【要點】主動進攻方可使用的動作範圍為左、右沖拳和進身的摔法（將對方摔倒後保持站立算作有效）。

例如：左沖拳、右沖拳、左右沖拳；左沖拳接抱腿前頂摔、左右沖拳接抱腿手別摔、左右沖拳接抱腿別腿摔，左沖拳接挾頸過背摔等。

以上均為沖拳接進身摔法進攻技術，練習時，重點在拳與摔的組合，在使用沖拳進攻的同時，如果一旦有機會馬上銜接摔法技術。並且著重提高摔法的成功率。

## 2.防守反擊動作：拍擋、防摔防守→抄拳、反摔

【要點】防守反擊方可使用以上的防守動作後迅速用左、右抄拳反擊對方，並能扼制對方的摔法，如果對方進身可迅速使用防摔與反摔技術。

例如：拍擋接左抄拳、拍擋接左右抄拳、拍擋接防摔、拍擋接反摔等。

以上均為抄拳接防摔或反摔的技術，練習時，首先用抄拳防守反擊對方，扼制其進身使用摔法的意圖。然後，進一步練習當對方進身後的防摔甚至反摔對方的技術。

第五組

## 1.主動進攻動作：裡合腿→抱摔

【要點】主動進攻方可使用的動作範圍為左、右裡合腿和進身的摔法（將對方摔倒後保持站立算作有效）。

例如：左裡合腿、右裡合腿、左右裡合腿；左裡合腿接抱腿前頂摔、左裡合腿接抱腿別腿摔、左裡合腿接抱腿手別摔、左右裡合腿接挾頸過背摔等。

以上均為裡合腿接抱摔的進攻技術，練習時，重點在腿法與摔法的組合運用，在使用裡合腿進攻的同時，如果一旦有機會，馬上銜接摔法技術。並且著重提高摔法的成功率。

## 2.防守反擊動作：拍擋、防摔防守→沖拳、反摔

【要點】防守反擊方可使用以上的防守動作後迅速用左、右沖拳反擊對方，以此扼制對方的摔法，如果對方進身可迅速使用防摔與反摔技術。

例如：拍擋接左沖拳、拍擋接右沖拳、拍擋接左右沖拳；拍擋接防摔、拍擋接反摔等。

以上均為沖拳接防摔或反摔的技術，練習時，首先用沖拳防守反擊對方，扼制其進身使用摔法的意圖。然後，進一步練習，當對方進身後的防摔，甚至反摔對方的技術。

# 二、「三段」考評技術

晉升三段位的考評，按體重抽籤配對，進行一局淨打三分鐘的限定主被動的條件實戰，其中主被動各交換一分半鐘，考核採用技評式。要求在雙方分離時，防守反擊方不可突然搶攻對方，但在雙方接觸後，可相互反擊對方直至分離。

【條件】

1.主動進攻方可採用散手技術方法中的踢（踢法）、打（拳法）、摔（摔法）的任何單一及組合技術進攻對方。

2.防守反擊方可採用散手技術方法中的踢（踢法）、打（拳法）、摔（摔法）的任何單一及組合技術抓住時機反擊對方。

【要點】三段的考評仍為記評式，考生仍需完成主動進攻與防守反擊技術。重點應注意以下幾個方面：

(1)時機、效果：是指對時間、空間和距離把握能力。

(2)速度、力量：協調及連貫的能力。

(3)技術運用全面：拳、腿、摔綜合運用能力。

# 第三章

## 功力訓練

功力訓練，是散手運動的一種獨特的練習形式。它是融力量、速度、耐力、柔韌等身體素質為一體，以提高打擊力量和抗打擊能力為主要目的的一種專門性訓練手段。

　　我國傳統的武術練習，各拳種流派在功力訓練方面為我們提供了大量的素材，這裡僅以參加比賽為目的，結合散手技術訓練，介紹一些功力訓練的方法。

## 第一節 打擊力量練習

## 一、打沙包

　　打沙包，是散手運動員增強打擊力量使用較多的一種練習方法。它對提升運動員的打擊力量有非常顯著的效果。練習方法，可採用任何武術散手技術動作打擊沙包（練習時可戴上手套）。主要方法有：

### 1.沖拳打沙包

　　動作同左、右沖拳（圖449）。

【要點】

　　發力前，不要有預擺動

圖449

作。如為了重擊,加長動作距離,離開實戰姿勢的位置,向後或向外拉開等。拳要直線發出,直線拉回。在擊中沙包時,拳面與前臂成一直線;切忌翹腕。否則易造成腕關節損傷。

### 2.摜拳擊打沙包

動作同摜拳(圖450)。

【要點】

動作幅度與運行路線不要過大;切忌後拉或向外畫圈再發力。

### 3.抄拳打沙包

動作同抄拳(圖451)。

【要點】

發力要充分借助腰的擰轉和髖關節的頂力。完成動作

圖 450

圖 451

時，下頜要收緊。

### 4.鞭拳打沙包

動作同鞭拳（圖452）。

【要點】

動作要突然、快速、連貫，防止發力前的預兆；接觸沙包時，肘關節緊張並保持一定的彎曲，以防其受損。

### 5.彈踢沙包

動作同彈踢腿（圖453）。

【要點】

起腿要突然並有隱蔽性。練習前要先檢查一下沙包底部。由於沙包被長時間吊掛，底部堅硬，易造成腳面和踝關節損傷。

圖452                          圖453

## 6.蹬踢沙包

動作同蹬腿（圖454）。

【要點】

發力的同時，支撐腿一定要配合蹬擺腿，用力蹬撐地面，形成向前的推頂力。

## 7.踹腿打沙包

動作同踹腿（圖455）。在練習中，可加長距離，結合上步、墊步、插步等及轉體練習。

【要點】

發力前，腳掌一定要正對擊打目標與部位；發力的同時，上體側傾並注意兩手保持在防守位置。

圖454                    圖455

## 8.橫擺腿打沙包動作同橫擺腿（圖456）

**【要點】**

發力時一定要借助於身體的擰轉力；注意保持平衡，上體勿前俯。

# 二、打木樁

打木樁是一種傳統的訓練方法。透過這一練習，不僅能夠提升練習者的打擊力量，而且對於增強其抗擊力亦有明顯效果。

取長約200公分，直徑為30公分的圓木，將一端植入地下（或以樹代樁）；在其外層加保護軟墊，以防止損傷皮膚。練習時，要多選用一些發力短促或直線進攻的動作方法，如勾踢、蹬、踹腿等。而且要循序漸進，用力由輕到重，由小到大。一些帶有旋轉性的擊打動作，最好放在打沙包時去練習。

圖456

## 1.勾踢木樁

動作同勾踢腿（圖 457）。

【要點】

勾腳要緊，起腳勿高，幅度宜小，擦地而起，不帶預兆，同時同側前臂靠擊木樁。

## 2.坡踢木樁

一腿微屈支撐，另一腿微屈提起，膝外展，勾腳，用腳弓內側磕擊木樁下部 30 公分高處，同時；異側臂橫掌前伸，以掌外沿推擊木樁上部（圖 458）。

## 3.臂靠木樁

臂靠木樁練習其方法與單人磕臂，雙人磕臂練習動作相同，是以木樁代人進行的一種練習（圖 459～461）。

圖 457

圖 458

圖 459

圖 460

圖 461

圖 462

## 4.肩、胯靠撞木椿

動作與兩人肩、胯靠撞相同（圖 462）。

另外，踢打木椿還可以採用蹬腿、踹腿、砍掌或推掌等

方法，上述動作，已在打沙包的練習中介紹過，練習者可根據自己需要，按動作要求運用到擊打木樁中。

## 三、打牆靶

打牆靶練習，是為提高練習者打擊力量採用的一種較為簡便的練習方法。

練習者可將一塊墊子固定在牆上（可用體操墊替代），其高度與自己身高相同。打牆靶適用於散手技術的多種方法。尤以直線型進攻動作效果最佳。

武術傳統訓練方法中有打千層紙的練習，這也是一種打牆靶的練習。它對於增強練習者各種手法的打擊力量有一定的效果，而且對增強拳掌硬度有一定作用。

所謂千層紙是將許多紙重疊在一起。將其固定在一塊40～50公分見方的木板上，將木板掛在與自己身高相同的牆上或樹幹之上，並加以固定，即可練習。

## 四、摔打布人

摔打布人的訓練，利用布製作假人為對手。主要是提高練習者摔、打結合的能力。它可以利用散手中的踢打技術，結合摔法進行練習，從而提高練習者的打擊力量。同時這一練習對發展練習者腰腹力量具有較好的效果。

# 第二節 抗擊力量練習

## 一、靠臂練習

拳諺說：「手是兩扇門，全靠腿打人。」手臂是防守的主要「武器」。當對手進攻時，敢不敢去擋，能否承受得住，這取決於上肢的抵抗能力。為此，應練就出一副「鐵胳膊」。練習方法有：

### 1. 自我磕臂

兩手握拳，兩臂稍屈肘交叉置於體前；然後兩臂上下相互碰撞。

### 2. 三靠臂

兩人面對站立，相距約一臂距離。第一靠：雙方同時體右轉，帶動右臂向前擺相磕於腹前；第二靠：雙方同時屈臂外旋，自下而上，相磕於胸前；第三靠：雙方同時伸臂內旋，自上而下，兩臂相磕於腹前。左手動作與之相同。左右交換，往復練習。

### 3. 弧行步三靠臂

弧行步三靠臂的靠臂動作與三靠臂相同，只是在靠臂過

圖 463

圖 464

程中，加上步法，在行進間進
行靠臂練習。其步法以靠右臂
為例。第一靠：左腳向左前方
上步，成左弓步（圖463）。
第二靠：右腳向前上步成交叉
步（圖464）。第三靠：左腳
繼續向左前方上步成左弓步
（圖465）。然後換靠另一側
臂，向相反方向邁步。往復練
習。

圖 465

## 二、肩、髖、背靠撞練習

### 1.兩人肩靠髖打

以右側靠撞為例。雙方面對站立，相距一臂半距離，同
時動作。左手向前下方劈掌；同時左腳向後撤步成丁步；身

體左轉，隨轉體右手自後經上向前掄劈垂於體前；左手屈肘護於右肩處；然後蹬伸左腿，重心前移，雙方側身以肩或髖相撞。右側動作與之相同，左右轉換，往復練習（圖466～468）。

## 2.靠背練習

練習者背對牆或沙包、樹樁等物體；或兩人以背相對，約半臂距離。開步站立，兩臂屈肘抱於胸前，用背部相互撞

圖466

圖467

圖468

圖 469　　　　　　　　　　圖 470

擊（圖 469、470）。

【要點】

發力沈實，重心穩定；相撞瞬間，全身肌肉緊張，以防內臟受震。

# 三、拍打練習

拍打練習是透過自身或相互拍打，提高運動員身體各部位的抗擊能力。它以拍打人體的要害或容易受傷部位，如胃部、肋部、頭部等為主要練習對象，從而提高這些部位的抗打、抗震能力，減少實戰傷害。

## 1.自我拍打

主要用於學習的初級階段。練習者先以掌拳，拍擊自己的胸、腹、胃、肋等部位；隨著練習水平的提高過渡到借助外力的對抗性訓練。

## 2.兩人相互擊打胸、胃、腹、肋部

甲、乙面對，開步站立；或以馬步樁相對。甲兩手握拳，屈臂體前舉；乙用拳擊打甲胸、胃及腹部；或用臂掄擊其肋部（圖471～473）。

圖 471

圖 472

圖 473

### 3.兩人相互踢胸、胃、腹、肋、背部

甲、乙側面或面對站立。甲兩臂屈肘握拳舉於體前，或五指交叉抱於腦後；乙可分別用橫打腿、側彈腿或蹬腿來擊打甲的胸、胃、腹、背、肋部（圖474～477）。

圖474　　　　　圖475

圖476　　　　　圖477

## 4.拍打組合練習

**例(1)**：雙方以實戰姿勢面對站立，約兩臂距離，並同時動作：兩手經腹前交叉向上托架於頭上；左腳回收，右腳隨之向前上步，腳尖內扣；兩腿屈膝，身體左轉；同時兩手隨轉體分別向兩側平舉擺掌，以右掌拍擊對方的胸、胃、腹部（圖478～480）。左、右轉換，反覆練習。

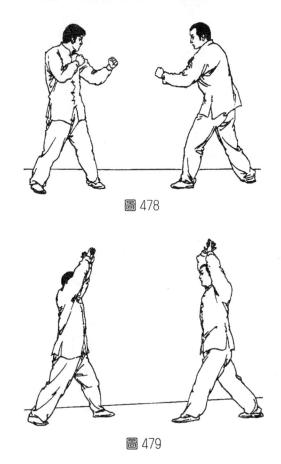

圖 478

圖 479

例（2）：雙方面對站立，約兩臂距離，第一動同組合
（1）；第二動：甲左腿撤步震腳，兩手同時用力向上托擊乙
的肘部，而後上右步，兩臂推擊乙的肋部（圖481～483）；
第三動：乙用左臂磕擊甲的兩臂至身體右側；同時左腳向左
側閃步，隨即用右橫打腿或側彈腿擊甲腹部（圖484、
485）；第四動：甲用右手勾掛乙的小腿；同時含胸坐胯，
後移重心以右前臂向右，將乙的腿掛落至右腿外側；而後雙

圖 480

圖 481　　　　　　　圖 482

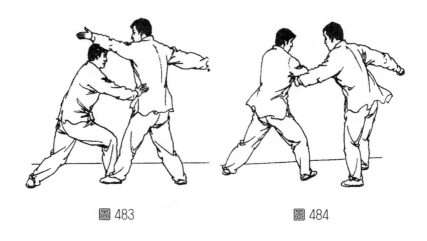

圖 483　　　　　　　　　　　　圖 484

圖 485　　　　　　　　　　　　圖 486

方同時上左腳，後撤右腳，轉體 180°，互換位置，接做第一動（圖 486、487）。

【要點】

動作沈實，由輕到重，擊中瞬間，全身肌肉緊張，並與呼吸配合。

圖 487

# 四、摔跌訓練

散手比賽與實戰訓練中，經常出現倒地現象。因此，練習者必須掌握合理的倒地技術和增強抗震能力。

## 1.前撲（載碑）

併步站立，直體向前傾倒，在將要倒地的瞬間迅速屈肘，以兩手在身前撐地；或屈肘直腕主動用兩手拍擊地面（圖488、489）。

## 2.撲虎

併步站立，兩腿屈膝略蹲，兩臂在身後反臂斜舉，兩手心朝上；眼看前下方；兩腳蹬離地面，兩臂從後經

圖 488

圖 489

圖 490　　　　　　　　圖 491

下向前擺出，身體魚躍懸空；兩手
著地，撐地屈肘，隨之胸、腹、大
腿依次著地（圖490～492）。

【要點】

跳躍要高，落地要輕，手、
胸、腹、膝相繼著地的層次要清
楚。練習時兩腿略微分開，但不可
超過兩肩寬度。

圖 492

### 3.搶背

右腳在前，左腳在後，兩腳交錯站立；左腳從後向上擺
起，右腳蹬地跳起，團身向前滾翻，兩腿屈膝（圖493、

圖 493                          圖 494

494）。

【要點】

肩、背、腰、臀要依次著地；滾翻動作要圓、快；立起
要迅速。

## 4.團身後翻滾

兩腿屈膝全蹲；兩手在身前撐地；上身捲體向後倒下，
以背著地，團身向後滾翻；兩手向後撐地，兩腿後伸；兩腳
落地，兩手推地立起（圖495～497）。

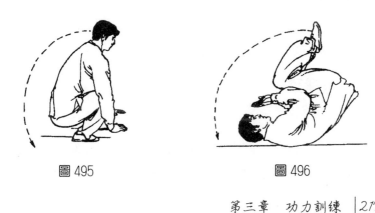

圖 495                          圖 496

圖 497

圖 498

圖 499

【要點】

在上身捲體後倒時，要很快地將兩腿向後伸出，並用力團身；要求臀、腰、背、肩依次著地；滾翻要圓。

## 5.鯉魚打挺

仰臥。兩腿上擺，兩手扶按兩膝；兩腿猛力向下擺打，同時挺腹，振擺而起（圖498、499）。

【要點】

身體必須成半圓環形；兩腳分開不得超過兩肩寬，打腿振擺要快速，挺腹時全身協調用力。

## 6.盤腿跌

兩腳開立，左腿屈膝，右腿伸直，兩臂向左側平舉；兩臂從左向下、向右、向上擺起；左腿也同時向右擺起；右腳側蹬離地面，身體懸空；在空中上身向左傾倒，左腿屈膝盤

圖 500　　　　　　　　圖 501

圖 502

起，右腿擺向右側；以側臥姿勢從空中向地面跌扑（圖500、501、502）。

【要點】

起跳時，左腿儘量內收高擺；同時右腳立即蹬地跳起；兩臂儘量向右上方甩擺。這樣它才能跳得高。右腿在起跳後，立即向上外展；上身相應地迅速側倒。跌落時，左腿必須屈膝盤緊、上身平俯、手掌伸平，使腿、臀、手、身保持平穩，著力點平均。這樣才不會產生傷害事故。初練時，可以跳得低些，順勢躺下就可；左、右側交替進行練習。

### 7.後倒摔

兩腿直立，後倒，兩臂微屈，肩背著地，手心向下。觸地前兩臂拍地緩衝，一腿上抬，另一腿屈膝撐地，腳跟提起，髖腰上頂，仰臥於地面；亦可屈膝蹬地，做騰空後倒（圖503、504）。

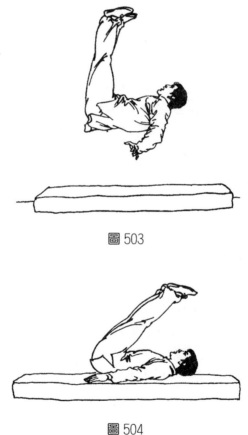

圖 503

圖 504

## 8.前翻摔

　　右腿上半步蹬地起跳，左腿向後上方撩擺，身體騰空翻轉180°；兩臂微屈拍地緩衝，肩背著地；兩腿屈膝，腳前掌撐地；腰懸空（圖505～507）。

圖505　　　　　　　　　　圖506

圖507

# 第三節 功力練習要求

一、一定要遵守循序漸進的原則。無論是練習強度，用力大小，還是負荷量均要符合這一要求。

二、訓練必須結合實戰需要，萬不能脫離實戰技術，缺乏目的性地一味猛打，使訓練與實戰脫節。

三、練習要全面，尤其要注意要害部位和易受損傷部位的練習。

四、練習要持之以恆，否則，將事倍功半。

五、練功後要及時做整理動作和放鬆活動，如按摩、熱敷等。

國家圖書館出版品預行編目資料

散手入門與精進／張　山　朱瑞琪　王玉龍　李士英編著
　　——初版，——臺北市，大展，2002〔民91〕
　　面；21公分，——（名師出高徒；6）
　　ISBN　957-468-144-0（平裝）

1.武術——中國
528.97　　　　　　　　　　　　　　　　　　91006348

北京人民體育出版社授權中文繁體字版

# 散手入門與精進

ISBN 957-468-144-0

編 著 者／張　山　朱瑞琪　王玉龍　李士英
責任編輯／趙振平
發 行 人／蔡森明
出 版 者／大展出版社有限公司
社　　　址／台北市北投區（石牌）致遠一路2段12巷1號
電　　　話／（02）28236031·28236033·28233123
傳　　　眞／（02）28272069
郵政劃撥／01669551
E－mail／dah-jaan@ms9.tisnet.net.tw
登 記 證／局版臺業字第2171號
承 印 者／高星印刷品行
裝　　　訂／日新裝訂所
排 版 者／弘益電腦排版有限公司
初版1刷／2002年（民91年）6月

定　價／220元

大展好書 ✖ 好書大展